社会学で考える

中根光敏・仁井田典子・伊藤泰郎・河口和也

松籟社

社会学で考える

まえがき

河口和也

「社会学」という授業科目を大学で初めて受けたのは、学部一年のときの教養科目「社会学」であった。今から数十年前のことである。その授業は半期の科目であったが、内容はオーギュスト・コント（一七九八―一八五七年）による『実証哲学講義』について講じられて終わった。おそらく今では専門科目としての社会学科目でも、そうした内容で教えられることはないだろう。ましてや、教養科目の「社会学」の授業では、もしかしたらコントについてすら取り上げられていないかもしれない。

この授業の一回目に、sociologie（ソシオロジ）というフランス語の言葉が板書され、これはコントが『実証哲学講義第四巻』（ちなみにこの書物は第一巻から第六巻まである）ではじめて使用した言葉で、それが「社会学」を意味するのだということを知った。この言葉の成り立ちとして、socius（ソキウス）というラテン語とlogos（ロゴス）というギリシャ語が合成されており、sociusは英語ではcompanion（コンパニオン）、そしてlogosはdiscourse（ディスコース）という意味をもつということも併せて解説されていた。○○logyという英語の言葉の多くが学問領域を表しているが、コントのこの言葉の使用をもって、「社会学」もそれらの学問のひとつとして加わったのだ。

とはいえ、『実証哲学講義』のなかで展開されているコントの主張は、「三段階の法則」であり、それによれば人間精神は、神学的段階から形而上学的段階を経て、実証的段階に至るという。実証的段階では、観察という行為に基づいて現象を一般法則により説明することが目指されるのだ。さらに、実証的段階における実証的科学、すなわち数学、天文学、物理学、化学、生物学、そして社会学の順に発展するとも述べる。となれば、社会学とはコントの時代において、最新科学であり、また、多くの学問領域を統べる総合科学として位置づけられることになる。

たしかに、コントの生きた時代、それはフランス革命後の社会が混乱をきたし、そこに暮らす人びとも疲弊をきわめた状況であっただろう。そうした社会的混乱や社会での「生きにくさ」から生じた必要性から社会学の誕生が望まれていたことも理解できる。

社会学は、ヨーロッパを中心とした近代化への移行期、すなわち社会変動の転換期に成立した学問である。この大きな社会変動のなかでは、既存の社会システム・規範・秩序は混乱・崩壊した。近代社会は「人間の平等と自由」の達成を理想としていたが、「個人と社会」の関係は混迷し、そのなかで対立や矛盾が顕わとなった。社会学は、社会の不確実性に直面した人びとが抱える社会的不安と新たに生起する諸問題の解決を探るという問題意識を背景に誕生したのだ。方法論として、これまで社会学は、生活世界を有する主体としての個々人の意識・価値観・行為を焦点化する一方で、そうした個々人に還元されない集合体としての組織・制度・システムや集団意識が織り成す「社会」「社会現象」を研究対象とする独自の学問体系を築き上げてきた。

翻って、現代社会では、グローバル化とデジタル化が進み、多文化共生や多様性という価値観が人びとのあいだに広まりつつあるが、しかし、同時に、世界では各地で民族間対立や国家間紛争・戦争が勃発し、移民の受け入れや排除などをとおして、「社会の分断」も危惧されている。こうしたことは社会の急速な複雑化や変容をもたらしている。そして、社会に暮らす人びとは、そうした複雑化や変容を前にしてたじろいでいるようにも見える。一九世紀、コントの時代にフランス革命後の社会が経験した混乱や無秩序と同じような、あるいはそれ以上の社会における混乱や無秩序状態が生起しているのが現代社会であると言っても過言ではない。こうして、現代社会は、世界経済のグローバル化による資源の争奪や貧富の格差拡大、ジェノサイドや人権侵害、領土をめぐる国際的緊張の高まり、地球規模の自然環境の破壊や気候変動など、多くの課題に直面している。また、ジェンダーやセクシュアリティをめぐる差別、雇用の不安定化やメンタルヘルスなど、人びとの生活世界に密接に関わる問題も、一国内にとどまることなく、グローバル社会と関連づけて考察すべき課題となっている。

なかでも、世界的に拡大したパンデミックとして経験したCovid-19は、地球社会全体を巻き込みながら、国家という枠組みにとらわれないような対応策を必要とされてきたなかで、そうした連携の必要性とは裏腹にそれぞれの各国家や社会個別での対応がなされることで、国家間の格差が顕在化したり、社会における個人の自由の制限における差異を際立たせることにもなった。そして、世界的な社会変動において、近代社会が理想として掲げてきた「平等」とは何か、「自由」とは何かに対する思考を深めていくことも求められているのだ。

日々変動する社会において、社会的現実の解明をめざす社会学は、こうした大きな社会の転換期に直面する現代社会のなかで、そして社会との関係をとおしてつねに自らを問い、更新し続けていく自己反省的な学問である。また社会学は、社会問題解決に向けた制度設計や社会の構想を示していく側面も含みこむようになった。

社会学の対象は、社会の変容に対応して、日々変化を遂げ、また多様な領域に拡大していっている。近代においては「人間によって構成される社会」が中心的な対象とされていたが、もしかするとその対象は、「人間以上のもの（more than human）を包含する／によって構成される社会」というものが構想のなかに入ってくる兆しさえある。

本書は、社会学の初学者を想定して書かれたものである。先に述べたように、多様化して拡大する社会学の領域を到底網羅できるわけではないが、現代社会において生起する比較的新しいトピックを選定し、初学者にとって、社会的な視点を得られるよう配慮した。

内容については、以下のとおりである。

第1章「現実とは――社会学的に考える」では、社会学とは、〈現実〉を生きる人々の経験を手掛かりとした理解から論理を構成するとともに、その論理に基づいた社会学的理解を人びとの社会的リアリティに曝して検証することをたえず繰り返していく学問であると提示する。そのうえで、「現実」とは何かという問いかけがなされ、多様な現実の（社会的）構成のされ方が語りだされていく。読者は「現実」という言葉で表される意味や状況の射程の広さを「経験」することになる。そして、「現実はひとつではない」また「現実は複数存在する」などと言われるように、「現実」の複数性・多元性は生きている人びとの数だけ存在する。しかし、その現実は、自らの意のままに生きられるということではない。社会のなかで相互主観的に構成されるものであり、それこそが社会学における「オルタナティブな現実」なのである。

第2章「大卒者の就業について考える」では、就職氷河期の若者の就業問題が取り上げられている。今となっては、大学生の就職活動はもっぱら売り手市場であり、「就職氷河期」の時代は遠い昔のこととなってしまったようである。この時代を生きる大学生にとって、「就職氷河期」とはどのように映るのであろうか。この章では、就職氷河期を生きていた大学生の「就活」をめぐる生活世界が、リアリティをもって記述されている。もちろん、ここで描き出されている状況が、当時のすべての大学生のものであるとはいえないが、それでもあの時代の大学生の就職観や、仕事に対する思いが蘇ってくるようである。近年、働き方は多様化したとされている。そして、仕事の選択は自由化されている。将来の仕事を選ぶことは個人の選択とされるような個人化社会の文脈に位置づけられる。その意味では、大学生は売り手市場のなかで自分の望む職業を自由に選択できるという条件を手にしているのであるが、はたしてそうしたことにより、若者の「就職問題」が解決の方向に向かっていると言えるのだろうか。

第3章「教育格差について考える」では、大学受験を経験したばかりの大学生を念頭に置き、大学への進学や学力の獲得が生まれ育った環境によっていかに左右されるかということについて、統計や量的調査のデータ、さらには具体的な事例などをもとに考察している。

教育格差はいくつかの点に分けてとらえることができる。それらは、家庭環境による格差、性別に基づく格差、地域格差などである。家庭環境による格差には、経済的格差だけでなく教育に関する保護者の意識が生み出す格差なども含まれる。また、経済的格差については、学費のための支出だけでなく、塾や予備校に通うといった学校外の教育投資も考慮に入れる必要がある。経済的格差を解消するためには、学費の減額や奨学金の給付の拡大といった公的な支援以外にも、経済的に恵まれない子どもたちを対象とした学習支援なども考えられる。

地域格差は都道府県別の大学進学率などから把握することができるが、東京・関西などの大都市部と地方との格差は大きい。地域にある高等教育機関の数の差も大きいが、地域間の所得格差なども影響を及ぼしている。また、教育格差をもたらす要因は相互に関連し合っており、地方における性別に基づく格差は大都市部よりも大きいことも指摘できる。

第４章「日本社会の「国際化」について考える」では、日本社会において「日本人」とは異なる「エスニシティ」の人々が置かれた状況や抱える課題について考察している。日本では一九八〇年代に外国人数が急増した。労働者としてだけでなく、留学生や日本人の配偶者として来日した。それから四〇年ほどが経ち、二世たちが成人して日本社会の一翼を担うようになっているが、依然として賃金が低く労働環境が悪い仕事を多くの外国人が担っており、一九九〇年代の時点で既に指摘されていた子どもたちの教育の問題もいまだ解決には至っていない。こうしたニューカマーの外国人の状況をとらえる上で、在日コリアンの来日過程やその後の日本社会における労働や生活について考えることは、非常に示唆に富む。また、日本の民族的マイノリティについて考える場合は、居住地が日本に組み込まれて同化政策により「日本人」として生きることを余儀なくされ、近年になるまで先住民族として認められてこなかったアイヌ民族についても言及されている。

第5章「「自己責任」を社会問題として考える――「女性ユニオンW」で活動を続ける女性たち」では、「自己責任を問う」といった現代社会における〝暗黙のルール〟を社会学的に考察することを目的としている。

「個人化」とは、個人の行為の選択の結果は自己責任（＝個人が対処するべき問題）であるとする社会的な傾向が強まっていることを指す。現代の日本社会においては「個人化」の傾向が強まっており、自己責任を問うことが〝暗黙のルール〟となりつつある。そうしたなかで、自己責任であると言われてしまうことから声をあげることができなかったり、ジェンダーやエスニシティ、居住地、階層などによる分断が「見えにくい」ために、自己責任を自らが内面化したりすることにより、個人を追い詰める結果を招いてしまいやすい。今日「個人化」の傾向が強まっている背景には、新自由主義が大きくかかわっている。福祉国家が見直しを迫られるようになるなかで、福祉に対する財政的な負担を減らそうとした結果として、自己責任論が称揚されているのである。

第6章「現代日本のホームドラマからゲイの表象を考える――「きのう何食べた?」をめぐるメディアと消費の社会学」では、近年、文化的な視覚表象としてホームドラマの領域でもクィアの表象が生み出されてきている。そうした傾向は二〇一〇年代以降、加速しているという。そうしたなかで、二〇〇七年から連載された漫画による原作で、二〇一九年以降テレビドラマ化や映画化された作品である〈きのう何食べた?〉を取り上げ、男性同性愛(カップル)の表象として、それはいかに描写され、そうした描写方法は、どのような社会的背景や社会構造と関連しているのかを考察している。とくに本章では、〈きのう何食べた?〉というホームドラマがセクシュアル・マイノリティのカップルを表象しているものの、「家庭性」という概念を体現しているという視点から、その家庭性により可視化されるものと不可視化されるもののあいだで生起する諸問題に焦点を当て、それが社会にもたらす意味を考察している。

目次

凡例

・★1、★2……は註を表し、註記は近傍の左ページに記載した。
・引用文中および会話データの〔 〕は筆者による補足を表す。
・〔中略〕は筆者による省略を表す。
・文献情報は［ ］でくくり、［著者名、発行年、参照頁］の形で表した。
当該文献は論末の文献一覧に記載している。

社会学で考える

第1章　現実とは——社会学的に考える

中根光敏

1　〝オルタナティブな現実〟を構成する試み

随分前の出来事なのに鮮明に覚えていることがある。「深夜の徘徊」と称して夜中にランニングとウォーキングを日課としていた頃だった。上り坂になっている片側二車線が交差する大きな交差点で歩行者信号が青になるのを待って横断歩道を渡ると、赤になっている歩行者信号の方で自転車に乗ったまま信号待ちしている女性がいることに気づいた。その女性が気づいたように私の方へ振り向いたのだが、深夜だったのであまりジロジロ見るのもどうかと思って、咄嗟に渡ってきた横断歩道の方を振り返るように目をそらした。目を戻すと、その自転車に乗った女性は自転車もろとも姿を消していた。女性の年頃も顔もはっきりとは思い出せないけれども、その女性の目が妙にギョロッとして見えたことだけは覚えている。当時、その大きな交差点の周辺にはほとんど建物もなく、かなり遠くまで見通すことが可能だったことから、突然姿を消してしまったことが少し気にかかった。

数日後、「そろそろ話しておかなければいけない」と知人から「女房が亡くなって三年ほど経った」と伺ったのは、以下のような話である。その女性は、数年前から習い事をするために東京にいた際、「自転車に乗っていて交通事故に遭い亡くなった」ということだった。その女性と直接に面識はあったものの、人の顔を覚えるのが頗《すこぶ》る苦手な私は、短い時間に数回会っただけだから、たとえどこかですれ違っても、おそらく向こうから声をかけられなければ分からない。ただ、知人から話を聴いたことによって、「深夜の徘徊」での出来事は、私の記憶に残ることとなった。

もし仮に知人からの話がなければ、深夜に自転車に乗った女性が突然消えたことは、取るに足らない些細なこととしてすぐに忘れてしまったかもしれないし、あるいは、その出来事自体が現実に経験したことなのか、それとも夢で見たことなのか、判然としないような記憶となっていたかもしれない。

さて幽霊には足がないと思われているが、日本の幽霊に足がなくなったのは、江戸時代、絵師・円山応挙《まるやまおうきょ》[★1]が足のない幽霊を描いたからである。「足のない幽霊を初めて描いたのは円山応挙」という説もあるが、応挙以前にも足のない幽霊の画は存在していたらしい。[★2]日本の幽霊に足がなくなっていったのは、応挙が足のない幽霊を描き始めたからではなく、応挙の描いた幽霊画（図）に多くの人たちがリアリティを感じたからである。つまり、応挙によって描かれた幽霊は「ホンモノの幽霊みたいだ」と評価されたのだ。「応挙之幽霊」と題された浮世絵師・月岡芳年《つきおかよしとし》[★3]による画は、自らが描いている画から出てきた幽霊に驚愕している応挙をユーモラスに表現している。写実至上主義と評される円山応挙が描いた幽霊は、それを観る人々に強烈なリアリティを与えた。しばしば応挙が「足のない幽霊を初めて描いた絵師」と評されるのも、応挙によって描かれた幽霊画が多くの人々の意識に潜む幽霊という共同幻想を顕わにしたからである。そして応挙以降の幽霊（画）には、次第に足がなくなっていった。

幽霊画が江戸時代に流行したのは、庶民の間で「百物語」[★4]と称した怪談会が盛んに開かれ、

★1　円山応挙（一七三三―一七九五年）は江戸時代中期から後期に活動した絵師で、写生を重視した画風（徹底した写実至上主義者）で知られている。

★2　［松田・柴田編、二〇一三］参照。

★3　月岡芳年（一八三九―一八九二年）は幕末から明治中期にかけて活動した浮世絵師。

芝居や歌舞伎、落語などで幽霊を題材とした怪談譚が上演されたことから、床の間に掛け軸として飾られた幽霊画を鑑賞するようになったためである。日本の幽霊イメージが確立されたのもこの頃だと考えられている。

幽霊に足がないという思い込みは、応挙の幽霊画によるものであることは良しとしても、写実至上主義者と評される円山応挙はどうして足のない幽霊を描いたのか、ということは幽霊(画)研究でも明解はなく諸説ある。代表的には、「焚くとその煙の中に死んだ者の姿が現れるという中国の故事にある架空の反魂香《はんこんこう》」「夢枕に現れた夭折してしまったお気に入りの芸妓」「蚊帳の向こうに見えた重病の妻」を描いたという説などである〔松田・柴田編、二〇一三、九一頁〕。ただ、幽霊(研究)に関して門外漢の私は、これらの説にはリアリティを感じることができない。現存している応挙の幽霊画には「真筆〔実際に本人が描いた作品〕がない」という説〔松田・柴田編、二〇一三、九頁〕もあることからは、なぜ足のない幽霊を描いたのかということを含めて、応挙の幽霊には、いまだ判然としないミステリーが残されている。それらのミステリーは、人々の意識や無意識を含めた観念の中に実在している――つまり、ある種の〝現実〟のように存在しているのである。

社会学という学問の創始者の一人であるエミール・デュルケムは、一世紀以上前に著した『宗教生活の原初形態』の中で、観念が実体的(現実のよう)に作用することを指摘している。

おのが軍旗のために死ぬ兵士は祖国のために死ぬのである。けれども、事実、彼の意識においては第一面を占めているのは旗の観念である。〔中略〕一つぐらい旗が敵の手に渡っていようといまいと、祖国がそのために失われることはない。にもかかわらず、兵士はそれを奪い返すために殺されることをも厭わない。彼は旗が徴にすぎないこと、それ自体は価値をもたず、ただそれが表象する実在を想起させるだけであることを見誤ってしまう。
[Durkheim, 1912=1975a: 397]

社会的環境はすべて、実際は、われわれの精神にしか存在しない力によって増殖されているように思われる。われわれは兵士にとって旗が何であるかを知っている。それ自体としてはぼろ布にすぎないのである。〔中略〕消印を捺された切手が一財産に価いすることはありうる。しかし、この価値がその本来の特性のうちに何も含まれてないことは明白であ

★４　百の灯を点し、集まった人たちが怖い話を一つ披露するごとに、灯を一つずつ消していく。丑三つ時の頃に百の灯を全て消し終えると怪異が現れるとされ、庶民の余興や酒宴などで行われていた。

る。〔中略〕けれども、集合的表象は自らが関連している事物に、きわめてしばしば、どのような形態でも、またどの程度においても、存在していない特性を帰すのである。〔中略〕かくして人に交付された力能は、純粋に観念的ではあるが、実体的であるかのように働く。〔中略〕自らの旗を守って倒れる兵士は、一片の布切れのために自身を犠牲にしたとはけっして信じない。[Durkheim, 1912=1975a: 408-410]

兵士にとっての旗や消印が捺された切手を事例として用いた説明は、一読して頗《すこぶ》る明快であるように思われるけれども、E・デュルケムが言う「そのために失われることはない」「祖国」だってある種の観念だと言えなくもない[★5]。

さて、社会学とは、現実を生きる人々の経験を手掛かりとした理解から論理を構成するとともに、その論理にもとづいた社会学的理解を人々の社会的リアリティに曝《さら》して検証することを絶えず繰り返していく学問である。人々が当たり前だと思って疑ってもみない自明性を解体するような〝オルタナティブな現実〟を構成する試みこそが社会学する醍醐味である。

2　現実をめぐって

では、そもそも現実とは何なのか。「現実」という日本語は、明治期に“actuality”（アクチュアリティ）“reality”（リアリティ）の訳語として使われるようになった言葉である。エドガール・モランは、現実を想像的産物だと言う。

われわれの〈人間的現実〉は想像の産物で織りなされている。あこがれ、幻想、妄想、空想、願望、小説、映画、テレビドラマの世界、娯楽といったものが、われわれの〈人間的現実〉の共同的構成要素である。［Morin, 2017=2023: 35-36］

★5　ニック・クロスリーは、E・デュルケムが言わんとしたことを「社会的事実は「実在的構築物」だということで」「それらはその効果において実在的なのである」と指摘している［Crosley, 2005=2008: 374］。また、ベネディクト・アンダーソンによる『想像の共同体』では、ナショナリズムが言語によって想像された一種の共同体の形態だとされている［Anderson, 1983=2007］。

例えば、映画・小説・漫画等に対して、「この作品（フィクション）にはリアリティがある」と評価がなされる際、リアリティは現実感を意味している。実際、現実の戦争に関する映像よりも、多くの場合、人々は優れた映画監督によって創作されたフィクション映像の方に圧倒的なリアリティを感じる。ただ、こうした場合に「リアリティがある」と言う際、そこには「現実ではないが、現実感がある」ということが含意されている。

映画の場合、われわれは登場人物とその行動に強い現実性を感じながら、映画の上映中、頭のなかに点っている小さな豆ランプによって、われわれが肘掛け椅子に座っている観客であることをかろうじて忘れないでいる。［Morin, 2017=2023: 36］

E・モランが言っていることは、現実が成立するためには、非現実がなければならない、ということである。ただ、リアリティを感じる観客に焦点をあててみると、人々は、作り物のフィクションと知りつつも、完成度が高い映像に引き込まれて、思わず身体が仰け反ったり、拳を握って汗をにじませたり、喜怒哀楽などの感情を揺さぶりつつ、映画を楽しんでいるのである。だから、ここにはタイムラグもある。映画に引き込まれている時には、フィクションに現実感を抱き、映画が終わるとフィクションを非現実として意味づけることによって、現実の世界へと戻ってくるのである。

私の意識は現実のさまざまに異なった位相の間を移動していくことができる。換言すれば、私は世界を複数の現実から成るものとして意識しているのである。私が一つの現実からもう一つの現実へと移動するとき、私は移動に伴う緊張を一種のショックとして経験する。このショックは移動に伴う関心の移行によって引き起こされたものとして理解できる。夢から醒めるという経験は、この移行を最も端的にあらわしている。〔Berger and Luckman, 1966=2003: 31〕

ピーター・バーガーとトーマス・ルックマンが言うように、夢もまた現実／非現実を考えるためには、格好な経験である。

われわれは眠っているとき見る夢を現実だと思い、朝になるとそうではないと初めて気がつく。〔Morin, 2017=2023: 36〕

ただ、私が見た夢の経験に照らすと、目が覚めた途端に夢が現実でないと気づくだけでなく、夢を見ている最中に「夢を見ている＝現実でない」と気づくこともあるし、夢の途中で「目覚めた夢」を見ることもあれば、覚醒している時に「あれは夢だったのか／現実だったのか」と記憶のなかで判別がつかないこともある。冒頭で述べた「深夜に突然消えた自転車に乗った女性」に関する記憶も、実のところ夢だったのかもしれないし、単なる錯覚――非現実――だったのかもしれない。

> 非論理的であるかもしれないが、現実と非現実は互いに互いのなかにある（現実のなかに非現実があり、非現実のなかに現実がある）。われわれの現実という織物には布地と穴があり、そこには論理の下部にあるもの、論理の上部にあるもの、非論理的なもの、論理外のもの等々からなる、創発的に出現したものも含まれる。［Morin, 2017=2023: 47-48］

例えば、〈本当の〉友だち・恋愛などが成立するためには、〈本当でない〉友だち・恋愛という観念が存在していなければならない。ホンモノという意識が顕れるのは、少なくともどこかにニセモノという観念が潜在しているからである。時折もたらされる鞄・靴・衣服などブランド品のコピー（偽物）商品に関するニュースや情報は、コピーの元となった物品のブランド力を高める。「ブランド（Brand）」の語源は家畜に施した焼き印にあることからも、ブランディング戦略には消えない印、つまり何らかの一貫性を維持していくことが重要とされている。しばしば、恋愛の成否が継続した時間の長さによって判断されるように、友だちなども一緒に過ごした時間や関係性の継続によって本当・真実感＝リアリティを増していく。もちろん、ほんの束の間であっても「本当の友だち」という感覚をもつこともあれば、瞬間恋愛であっても「本当の恋愛」だったと思っていることもあるかもしれない。けれども、そうした感覚や想いには、たいてい強い喪失感のようなものが一貫して維持されていないだろうか。通常、多くの人たちが現実であると自明視している日常生活は、一貫性が維持されていくことによって成立している。

日常生活は一貫性をもった世界として人々によって解釈され、かつまたそうしたものとして彼らにとって主観的に意味のある一つの現実としてあらわれる。［Berger and Luckman, 1966=2003: 28-29］

日常生活の世界は社会の通常の成員によって、彼らの生活の主観的に意味のある行動のなかで、現実として自明視されているだけではない。それは彼らの思考や行動のなかにその源をもつと同時に、こうした思考や行動によって現実的なものとして維持されている世

界でもある。［Berger and Luckman, 1966=2003: 29］

Ｐ・バーガーとＴ・ルックマンの言う「日常生活」とは、通常、多くの人たちにとって〝現実（の世界）〟であり、その〝現実〟が自分たちの思考や行動によって維持されていることを意識していない〝自明性の世界〟である。だから、時に人（々）は、まぎれもない現実に直面して、「違う、違う」「これは現実じゃない」と狼狽《うろた》えることがある。こうした場面で目の前にしている現実は、「起こってはいけない」「あってはならない」「ウソ（非現実）だと思いたい」ことで、こうした場合、狼狽える人（々）は、どこかに「あるべき（あってほしい）現実＝リアリティ」を想定していることになる。だから、「夢と現実をどのように見分けているか」という問いに、通常、多くの人たちは、「現実には一貫性があり、夢にはない」「あり得ないことが起こるのが夢」などと答え、夢を見ている際に「夢と気づかず、夢を現実だ」と思っていたとしても、目が覚めると、それは「現実ではなく夢という非現実だった」と（疑うことなく）受け入れる。

> 日常生活の現実は現実として自明視されている。それはその単なる存在以上に何ら補足的な検証を要しない。それは自明で強制的な事実性として、端的にそこに存在する。私はそれが現実的であることを知っている。［Berger and Luckman, 1966=2003: 34-35］

ただ、日常生活において、「夢と現実をどう区分しているか」という問いを突きつけられることは、どうにかして夢と現実を区分しなければならない「新しい事態」となる。日常生活において「現実が自明視されている」ということは、現実とは揺るぎのない確固としたものとして位置付けられているからである。

新しい事態が生じた場合には、日常生活の現実は問題的な部門をすでに没問題的となっている部門へ統合しようと努力する。常識的な知識にはこうした統合をいかにして行なうか、についてのさまざまな示唆が含まれている。［Berger and Luckman, 1966=2003: 36］

けれども、常識的知識で統合することがうまくいかない場合、自明視されていた日常生活の現実が崩壊し、現実の脆弱な側面が露わになることもある。

3　現実の構成

社会学でよく知られている「状況の定義（definition of situation）」という概念がある。

もし人々が状況を現実であると定義すれば、それはその帰結において現実となる〔佐藤、一九九一、三四七頁〕

人が、ある状況を現実だと定義すれば、それは結果的にも現実である〔後藤、二〇一七、四五頁〕

この「状況の定義」概念は、ウィリアム・アイザック・トーマスという社会学者によって提唱されたものであることから「トーマスの公理（定理）（Thomas Axion（Theorem））」とも呼ばれている。後藤将之が加えている以下の説明が分かりやすい。

これをもう少し説明的に言えば、「その状況への参加者たちの相互主観的な意味づけによって、結果的に当該状況の意味が付与される（意味は事象や状況に内在的なものではなく、関係者の相互作用のプロセスによって含意され生み出される）」という、典型的かつ古典的な社会的構成論の発想である。［後藤、二〇一七、四五頁］

「状況の定義＝トーマスの公理」は、社会学という学問領域では有名な概念としてよく知られている一方で、学術的概念としては、W・I・トーマスという人物に関する記録が乏しいこと[6]を含めて、学術的・学説史的考証の対象となっている。[7]つまり、「人（々）がある状況を現実であると定義すれば、それは現実である」という定理は一見すればスッキリしているように思われるけれども、そもそも「状況って何？」などと問いを発した途端に曖昧な概念（定義）であるかのようにも思えてくるのである。ただここでは、少々難解な学術的考証は脇に置いて、「状況の定義」によって、「現実が主観的に構成される」という想定で現実について考えていくことにする。実際、先に引いたP・バーガー、シンボリック相互作用論[8]のハーバート・ブルーマー、演劇論的社会学[9]（ドラマトゥルギー論）のアーヴィング・ゴッフマンなど著名な社会学者たちも、「トーマスの公理」を想定として研究を進めていたし、現代の社会学では当たり前のように用いられる「社会問題の構築主義アプローチ[10]」も「状況の定義」を想定した社会学的方法の一つである。

さて、「現実が社会的に構成される」というのは、どのようなことなのか。

私自身が「現実を構成していった」経験にもとづいて、著名人による「コーヒーに酔う」という稀な経験的記述（随筆）を事例に説明しよう。

病気のために一年以上全くコーヒーを口にしないでいて、そうしてある秋の日の午後久しぶりに銀座《ぎんざ》へ行ってそのただ一杯を味わった。そうしてぶらぶら歩いて日比谷《ひびや》へんまで来るとなんだかそのへんの様子が平時とはちがうような気がした。公園の木立も行きかう電車もすべての常住的なものがひどく美しく明るく愉快なもののように思われ、歩いている人間がみんな頼もしく見え、要するにこの世の中全体がすべて祝福と希望に満ち輝いているように思われた。気がついてみると両方の手のひらにあぶら汗のようなものがいっぱいににじんでいた。［寺田、一九三三→一九六三、七二頁］

宗教は往々人を酩酊《めいてい》させ官能と理性を麻痺《まひ》させる点で酒に似ている。そうして、コーヒーの効果は官能を鋭敏にし洞察《どうさつ》と認識を透明にする点でいくらか哲学に似ているとも考えられる。酒や宗教で人を殺すものは多いがコーヒーや哲学に酔うて犯罪をあえてするものはまれである。［寺田、一九三三→一九六三、七三頁］

★6　こうしたW・I・トーマスという人物と「状況の定義」概念に関しては、［後藤、二〇一七］を参照されたい。ちなみに、日本の社会学においては、一九一八年に刊行が開始されたフロリアン・ズナニエッキとの共著『生活史の社会学：ヨーロッパとアメリカにおけるポーランド農民』（御茶の水書房、一九八三年）がよく知られており、生活史という社会学の方法が定着していくきっかけとなった。

★7　例えば、佐藤郁哉は「トマスにとって、「状況」とは常に、当面の社会的相互作用だけでなくさまざまなレベルの社会制度にも及び、時間的にも空間的にも大きな広がりをもつ「全体的な状況 total situation」を意味しており、彼は、その「行動に対する影響の全て totality of their influences」を視野におさめていた」［佐藤、一九九一、三五四頁］と述べている。こうした佐藤による解釈にしたがえば、現実には「相互主観的に構成される」側面を超えた社会構造までもが含まれることになる。

★8　アメリカの社会学者であるH・ブルーマーによって提唱された社会学的パースペクティヴの一つで、人間間における社会的相互作用や相互行為の場面を行為者が抱く意味という観点から捉えようとするものである。［Blumer, 1969=1991］参照。

★9　分析対象とする社会（状況）を演劇（ドラマ）の舞台にみたて、人々の行為をオーディエンスの前で演じるパフォーマンスとして捉えていく社会学的方法の一つである。「ドラマツルギーの社会学」とも呼ばれる。［Goffman, 1959=2023］参照。

コーヒー漫筆がついついコーヒー哲学序説のようなものになってしまった。これも今しがた飲んだ一杯のコーヒーの酔いの効果であるかもしれない。〔寺田、一九三三→一九六三、七三頁〕

このように、寺田寅彦[★11]は、「珈琲哲学序説」というエッセイで「コーヒーに酔う」という経験を記述している。通常、「コーヒーに酔う」という表現は、乗り物酔いのような感覚だと思われるかもしれない。けれども、寺田の「コーヒーに酔う」というのは、アルコールに酔っ払ったような感覚として書かれている。「コーヒーに酔う」という表現は、小島政次郎による「食いしん坊[★12]」での記述の中にも、同様に認めることができる。

殊に、白木屋で飲ませてくれたラールというコーヒーのうまさと言ったら、類がなかった。夏だったので、ブラックのまま冷やしてあったが、香《か》が消えずにいて、濃くって、コーヒーの持っているうまい要素が全部出ていた。私と片岡とはグラスに二杯飲んだが、いゝブランデーにでも酔ったように酔った。コーヒーに酔ったなんて、あとにも先にもこの時きりだ。〔中略〕その日は帰りに、片岡と寿司《すし》を食べに行く約束だったが、酒に酔った時と同じで、何も食べたくなく、寿司屋には行ったもゝの、お土産をこしらえてもらっただけ

で出て来てしまった。〔小島、一九八七、一四四頁〕

小島や寺田による「コーヒーに酔う」という記述は、日本の珈琲マニアにはよく知られているることから、コーヒー談義をするような人たちの間では、その感覚が乗り物酔いなどとは違って、「酒に酔っ払った」ような感覚を意味して使われている。実は、私も珈琲を飲んだ際、同様の経験を何度かしているけれども、思い返せば、二人の随筆を読んだことから、そうした感覚を「コーヒーに酔う」ことだと自然に思うようになっている。そうした感覚は、まわりの景色がいつもと違ってキラキラしているように見えたり、気分や体調が悪くなったわけでもない

★10　社会問題を客観的な状態とみなすのではなく、ある推定上の状態に対して「社会の問題である」と異議を申し立てる人々による主観的な闘ぎ合いによって、社会問題が構築されるという視角から「社会問題の構築過程」を分析する社会学的方法の一つである。「社会問題の構築主義アプローチ」に関しては〔中根、一九九七〕参照。

★11　夏目漱石の門下だった物理学者・寺田寅彦は、多くの名随筆を著している。

★12　小説家・随筆家の小島政二郎が一九五一年から一九六八年に雑誌『あまカラ』（六月社）で連載した「食いしん坊」は、大きな反響を呼んだ随筆である。

のに、全く食欲がなくなってしまったような経験である。さらにそうした感覚を自身だけでなく、他の人たちが特定の珈琲を飲んだ経験談「なんか変な感覚になった」「なにもする気がなくなった」などを理解する際にも、「コーヒーに酔う」感覚として解釈するようになったのである。★13

無類の珈琲好きとして知られている文豪オノレ・ド・バルザックが、「ひどく身体にこたえる恐ろしい飲み方」[Balzac, 1839=1992: 170]として披瀝《ひれき》した特別な珈琲に関する以下の記述も、「コーヒーに酔う」という感覚として解釈している。

> 神経網に火がつき、たちまち炎と燃えさかり、飛び散る火花が脳髄にまでとどく。と、せきをきったように、一切が動き出す。戦場のナポレオン大軍団の大隊さながらに、観念が行動を起こし、戦闘開始だ。記憶が軍旗を振りかざしていっせいに駆けつける。比較の軽騎兵が見事なギャロップで戦場に散っていく。論理の砲兵が薬籠と弾薬を持ってはせ参じる。次から次へ警句が狙撃兵のようにやって来て、登場人物が立がる。またたく間に原稿用紙はインクで覆われていく。[Balzac, 1939=1992: 171]

上記は、酒に酔ったようなハイテンションになっていて、無敵な状態であるかのような酔っ払いの心境を見事なまでの筆力で描き出した文章として理解できる。

虚弱な体質の人のなかにはコーヒーを飲むと軽い脳充血を起こすものもいる。こういう人たちは潑剌《はつらつ》としてくるどころか気だるくなり、コーヒーを飲むと眠くなると言う。

［Balzac, 1939=1992: 173］

同じ珈琲の効能について記述された上記は、酒の酔いに負けてしまい、酔っ払ってところかまわずダウンしてしまいたいような気分を記述したものだと理解できないこともない。けれども、酒に酔ってベロンベロンになっている酔っ払いのような感覚とは少し違い、乗り物酔いなどで気分が悪くなっているような感覚の記述だという解釈もできる。

H・バルザックが「酒に弱くあまりアルコールを飲めなかった」と記録されていることからは、特別な珈琲に関して書かれた対照的な効能がどちらもH・バルザック自身の経験を書いたものではないかとも推測できる。

つまり、私自身がある状況を「コーヒーに酔う」という現実として構成したのは、他の人々

★13［中根、二〇一四］参照。

による経験の記述や語りを知ることによってである。個々人にとって、どんな経験・事実・出来事も暗黙知・形式知を含めた★14〝知識〟によって意味づけられることによって現実となるのである。

ただ、酒に酔ったように「コーヒーに酔う」という表現は、コーヒー談義をしているような特別な状況以外で、通常、多くの人たちに理解されるまでになっていないだろう。これは、「コーヒーに酔う」というレアな経験をした人が少ないからかもしれない。また、著名な寺田や小島を知っている人は多くても、彼らが書いた「コーヒーに酔う」という経験に関する随筆を読んだ人は多くないだろうし、そもそもコーヒー談義になど時間を費やす人たちも少ないはずだから、「コーヒーに酔う」という感覚はあまり知られていないのである。だから、私も日常生活において、他の人たちに「コーヒーに酔う」という物言いをすることはない。なぜなら、通常、多くの人たちは、コーヒーを「ただの嗜好品＝たかがコーヒー」だと考えており、生きていくために必要ない一つの飲料に対して強い思い入れなど抱かないのが、日常生活における〝現実〟だと私が考えているからである。

4　常識による現実の統制／相互主観的現実

これもまた随分前のことであるが、私が担当しているゼミの旅行で、何度か東京ディズニーランドや東京ディズニーシーへ行くことがあった。いつもディズニーのテーマパークでの日程は一日で、横浜、新宿歌舞伎町・新大久保、渋谷への訪問が含まれた旅程となっていた。当時、「ディズニーへ行きたい」というゼミ生が多数であったけれども、いつも「ディズニーは嫌だ」という学生が少ないながらもいて、ディズニーの日程には、自由行動でテーマパークには来ないゼミ生もいた。もちろん、私を含めて気が進まないけれどもテーマパークに付き合う学生もいた。当然ながら、東京ディズニーにおける経験に対する意味づけは様々である。

たいてい私は、昼を過ぎてからテーマパーク入り口付近で、既に入園している学生たちと落ち合うのだけれども、いい年をして耳や尻尾を付けたハイテンションの学生が「センセー、今

★14　形式知とは、図式や文章などで論理的に説明することができ、明確に共有できる知識を意味している。暗黙知とは、マイケル・ポランニーによって提唱された概念で、あらゆる知に含まれる基底的なもので、言語で明確に説明できない身体性や直感に関わる知を意味する概念である。〔Polanyi, 1966 = 2003〕参照。

日××（アトラクション名）に一時間待っただけで乗れてすごいラッキーだった」と言った〝現実〟を目の当たりにして、当時テーマパークとして一人勝ちだった東京ディズニーの経営戦略の巧妙さに感服するばかりだった。もちろん、学生たちの経験に対する意味づけは様々で、「やっぱり面白くない／楽しめない」者もいれば、「めちゃめちゃ楽しかった」と言う者もいる。

社会学が明らかにしようと試みる社会意識や社会的現実とは、全く同じことを経験しながらも、個々人がそれぞれ経験を別々に意味づけることによって構成されるのである。だから、社会学では、しばしば「現実は一つではない」「現実は複数・多様である」と言われる。前節「3 現実の構成」の冒頭でふれた「状況の定義」にもとづけば、それを現実だと定義すれば、現実となるのだから、「現実は多様である」と言うことは的外れなことではない。けれども、現実には、もう一つ別な側面がある。「〈現実〉とは、われわれ自身の意志から独立した一つの存在をもつと認められる現象（われわれは〈それらを勝手に抹消してしまう〉ことはできない）に属する一つの特性として」［Berger and Luckman, 1966=2003: 1］定義できる側面である。

現実は、個々の「状況の定義」によるものとして捉えることができる一方で、人々（共通）の「状況の定義」として「自身の意思から独立した」現象でもある。すなわち、自らの意志とは別に、われわれが直面するものとしても現れるのである。★15 先のディズニーにおける学生たちの経験は、個々人の現実に則してみれば一様ではない。楽しい経験と意味づける者たちにとっては「ディズニーだから楽しいのが当たり前」であり、面白くない経験と意味づける者たちにとっては「子ども騙しの幼稚な施設」という評価なのかもしれない。どちらも、通常、自らの現実（感）は見解の異なる「他（者）の現実（感）」よりも優位（まとも）なのだと思っている。

われわれは、当事者にとっては現実にほかならない他者の想像世界を非現実的なものと見なしたりするが、そのときわれわれ自身の現実が想像上のもので構成されていることを忘れている。［Morin, 2017=2023: 36］

★15　日常生活においても、個々が経験している現実が重層的に構成されていることを、Ｐ・バーガーとＴ・ルックマンは以下のように指摘している。

日常生活の現実は私の身体の〈ここ〉と私の臨在の〈いま〉のまわりに組織されている。こうした〈こことい ま〉は、私の意識のなかでも最も現実的なものである。しかしながら、日常生活の現実は、これら直接的な現前だけには限られない。このことは、私が日常生活を、空間的にも時間的にも、近しさと遠さのさまざまな度合いにおいて、経験するということを意味している。［Berger and Luckman, 1966=2003: 32］

〈私〉の現実は〈われわれ〉という上位の現実のなかで弱められ、〈われわれ〉が現実になる。［Morin, 2017=2023: 37］

ただ、ディズニーの経験のように複数の現実が対立していても、たいてい単なる好みの問題として「ひとそれぞれ」と片付けられ、E・モランが言うように「〈われわれ〉が現実」となっていくだろう。見解が異なる他者の現実（感）への違和感は、相互主観的[★16]（間主観的）な世界を共有することによって、日常生活において他者の前で表出されないのが通常である。

日常生活の現実は、私にとって間主観的な世界として、つまり私が他者とともに共有する世界として、あらわれる。この間主観性は、私の意識の対象である他の諸々の現実から日常生活を鋭く区別するものである。私は夢の世界では一人でいるが、日常生活の世界が私自身にとってと同様、他者にとっても現実的なものであることを知っている。［Berger and Luckman, 1966=2003: 33-34］

P・バーガーとT・ルックマンが言うように、相互主観性は、個々人の（私的）現実とは区別される。けれども、個々の主観性の間にコンセンサスが存在するわけではないのである。

何人かの別の参与者によって投影された状況の定義は、通常は、矛盾や対立が表面化しないように十分に調整されている。だからといってコンセンサス、つまり、その場にいる人がそれぞれ実際に感じていることを率直に表出し、他の人が表出する感情に心から賛同するときに生まれるような合意がそこに存在すると言いたいわけではない。そうした調和は楽観的な理想にすぎないし、いずれにせよ社会の円滑な作動に必要不可欠なものではない。［Goffman, 1959=2023: 26］

対面的状況において人々が他者の面子を潰さないように、個々に課せられた役割期待に応え

★16　相互主観性（＝間主観性）は、オーストリアの哲学者・エトムント・フッサールに始まる現象学的哲学で「（人々の）複数の主観の間に共通に成立すること」を意味する。すなわち、相互主観的な視角からは、〝それが現実であるのは、みんなが現実だと思っているからにすぎない〟（例えば、「幽霊には足がないと皆が思っているから、幽霊には足がない」という）ことになる。

ように繰り広げられるパフォーマンスの様を詳細に分析したE・ゴッフマンは、上述のように「矛盾や対立が表面化しないように十分に調整されて」いたとしても、役割を演じている人々の間に調和やコンセンサスが存在するわけではない、と述べている。

> 常識的な知識とは、日常生活の常態的で自明的なルーティーンのなかで私が他者とともに共有している知識である。［Berger and Luckman, 1966=2003: 34］

他者とともに共有している知識——P・バーガーらの言う常識的知識——は、個々複数のリアリティを統制し、相互主観的（日常生活の）現実を構成する。ただ、注意しておかなければならないのは、「調和やコンセンサスが存在するわけではない」というE・ゴッフマンによる指摘である。人（々）は、常識的知識を共有していても、常識を完全に受け入れているわけではないのである。

その状況の定義は、その場に存在するものについて本当に見解が一致したということではなく、どの問題についてのだれの主張を当面受け入れるかということについて本当に見解が一致したということなのである。さらにいえば、状況の定義についての公然の対立を避けることが望ましいという点についても、本当の見解の一致が成り立ったといえる。

［Goffman, 1959=2023: 27］

役割拒否によって常識に抗う人たちもいるけれども、常識を受け入れていても多くの人たちは「本当は違う」「いつまでもこんなところにいるんじゃない」という主観を抱きつつ、期待された役割を演じているのである。また、E・ゴッフマンには、「役割距離[★17]（role distance）」という概念があるけれども、それは自身に対して期待されていると想定する役割から自身を意図的に乖離するようなパフォーマンスである。例えば、一般に抱かれている学校の先生という典型的なイメージを裏切るために、教師が「昔はヤンチャしてたんだ」とか言ってみせたり、ジョークを飛ばしたりと、「〜らしくない」行為をすることである。けれども、厳密に言えば、「役割距離」はそのパフォーマンスがオーディエンスにとって効果的であった場合に限られる——たいていは、悪ぶって見せても「所詮先生でしょ」ということになるし、面白くない冗談は「やっぱり先生」という残念な（非効果的な）結果になることが多い。相互行為という観点からは、オーディエンスの前で示そうと試みた行為主体による意図的なパフォーマンスが行為者の意図通り

★17　役割距離に関しては、［Goffman, 1961=1985］参照。

に他者に解釈されるわけではない、ということになる。

> 作り出された見かけは現実に含まれる矛盾によって信用を失うことがあるという常識的な考えを保持し続けてかまわないが、しかし、呈示された印象と矛盾する事実のほうが、その事実によって脅かされる作り出された現実と比べてよりいっそう本物《リアル》・現実《リアリティ》の現実なのだとする主張する根拠は往々にして存在しない。〔Goffman, 1959=2023: 110〕

ただ、パフォーマンスとしてオーディエンスに表出しさえしなければ、自己の内面・意識の中で役割から距離をとり、自分らしさを心のうちに秘めておく限り、私的現実が相互主観的現実の前に砕け散ることはない。

現実は、個人の意思ではどうにもならない（われわれの）相互主観的現実としての特性を有する一方で、相互主観性には還元できないような（わたしの）私的現実という特性（矛盾）――社会のメンバー（同じ現実を共有する者）としての〈私たち〉と、社会のメンバーでありながら同じ現実を共有していない（他の人たちと違う）〈私＝自己〉という矛盾――を孕んでいる。だから、アルベール・カミュが『シーシュポスの神話』で書いたように[★18]、日常生活における現実を拒否し、自明性の（当たり前だと疑ってもみない）世界から抜け出していくということも、稀に起こりうるのである。

ふと、舞台装置が崩壊することがある。起床、電車、会社や工場での四時間、食事、電車、四時間の仕事、食事、睡眠、同じリズムで流れていく月火水木金土、──こういう道を、たいていのときはすらすらと辿《たど》っている。ところがある日、《なぜ》という問いが頭をもたげる、すると、驚きの色に染められたこの倦怠《けんたい》のなかですべてがはじまる。《はじまる》、これが重大なのだ。機械的な生活のさまざまな行為の果てに倦怠がある、が、それは同時に意識の運動の端緒《たんちょ》となる。意識を目覚《めざ》めさせ、それに続く運動を惹き起す。〔Camus, 1942=2006: 28〕

目覚めた意識は、たいてい無意識のうちに「機械的な生活」に回帰してしまうだろう。けれども、取り立てて何か重大な出来事があったわけでもないのに、ルーティーンのような日常生

★18　A・カミュは、フランスの小説家で、代表作に『異邦人』『ペスト』がある。この『シーシュポスの神話』〔Camus, 1942=2006〕は、不条理の思想を打ち出して注目されたエッセイである。

活を送ることが馬鹿馬鹿しいと、ときどき感じることは、たいてい誰にだってあるだろう。

5　リアルな現実——「現実のための現実」

つい先日、[★19]三月に卒業したばかりの卒業生よりＬＩＮＥで「お伺いしたいことがあって」「【カペラアラミド】と【ブラックアイボリー】が現在日本で購入出来る店舗があるかご存じですか?」とメッセージが届いた。カペ（ラ）・アラミドはフィリピンで麝香猫《じゃこうねこ》の糞から精製して作られたコーヒー、ブラック・アイボリーはタイで象の糞から精製して作られたコーヒー、どちらも市場に出れば、常識では考えられないほど高額な値段で売られているコーヒーである。この卒業生にマニアックなコーヒーの話をした記憶はなく、何でも「仕事で探している」ということだった。いくつか手に入れる方法（可能性）を知らせたけれども、「ホンモノである可能性は極めて低いけど」と付け加えておいた。これら動物の糞から精製された特別なコーヒーは、一九世紀後半にはインドネシアで知られていたコピ・ルアク[★20]（Kopi Luwak）を起源として現われてきたもので、ここ二〇年くらいの世界的なコーヒーブームも手伝って、限られた人たちの間で知られている情報である。もっともコピ・ルアクは、映画などにも登場したことから、世界一高額なコーヒーとしてそれなりに知られている。ただ、この類いのコーヒーがホンモノ／ニセモノかを見分けることは極めて難しい。日本などコーヒー消費国で手に入れても、飲んで香味を判断するしかなく、飲んだこともない人たちに見分けることは出来ないのである。

さて、コピ・ルアクは、コーヒーチェリーを食べた麝香猫の糞から精製されたコーヒーで、麝香猫の体内で腸内細菌によって発酵することで特別な香味を有するようになると考えられている。ただ、どんな腸内細菌がどのように発酵に関係しているかなど、まだ化学によって解明されていないのである。「貧しいコーヒー農家のコーヒーチェリーが麝香猫に食べられるこ

★19　二〇二四年九月二〇日。

★20　インドネシア語でコピ（kopi）はコーヒーを、ルアク（luwak）はマレージャコウネコを意味する。スマトラ島では、コピ・ムサン（Kopi Musang）と呼ばれることもあるが、musang はイタチやジャコウネコを意味する。コピ・ルアクは、日本では「山猫コーヒー」という呼称が用いられたこともあったけれども、麝香猫はネコ科ではなくジャコウネコ科に分類される。コピ・ルアクに関しては、［中根、二〇一四・二〇一八・二〇二二・二〇二三］を参照。

とによって、一夜にして裕福になり幸福が訪れる」という作り話がときどきメディア等で流されるけれども、お伽噺＝フィクションである。ただ、コーヒーチェリーを食べた麝香猫の糞（独特な形状をしている）から精製されたコーヒーが通常のコーヒーの数十倍の高額で売り買いされているのは、紛れもない事実である。インドネシアでコピ・ルアック・リアー（Kopi Luwak Liar）（インドネシア語で「野生の」）と呼ばれている「本物のコピ・ルアク」の香味は、飲んでみると確かに独特なフレーバーと甘味と酸味が際立っていて、他のコーヒーとは異次元だと感じさせる。ただ、コピ・ルアクについて「本物／偽物」を論理的に説明しようとすると、少々厄介なことになる。私は、ホンモノ度で説明するしかないと考えて、以下のように分類している。

①野生の麝香猫の糞から精製したコピ・ルアク・リアー（Kopi Luwak Liar）
②人工飼育の麝香猫の糞から精製されたコピ・ルアク（こちらも日本での市場価格は焙煎前の生豆の状態で一般のコーヒーの二〇倍から三〇倍くらいの高値で取引されている）
③人工飼育のコピ・ルアクが一部混ぜられたコピ・ルアク（正確にはコピ・ルアクとニセモノとのブレンドコーヒー）
④コピ・ルアクをイメージして作られている（偽装された）コピ・ルアクの偽物

ただ、①～④それぞれに品質の高低が[★21]あるし、②～④は、①を目指して精製して作られるので、厳密に考えれば、作った人たちにしか分からない。単に飲む側としては、本物だと思うか／偽物だと思うか、飲んで判断するしかないし、一般には滅多に飲む機会がないのだから、根拠なく判断するしかない。そして多くの場合、飲んだ際に感じる（香）味ではなく、飲む前に知り得た「情報」で判断することになるのである。これらの「情報」は、経験的知識でもなければ、経験によって得た感覚でもない――他の人たちによってもたらされた「情報」、ほとんどはメディアなどを通じて流布された「情報」と、それらを基に作られた〝現実のイメージ〟である。こうした〝現実のイメージ〟は、ジャン・ボードリヤールが『象徴交換と死』の中で「ハイパー現実」と名付けたカテゴリーに重なる。

現実的なものの規定は、それに等しい複製の生産が可能なものということだ。この規定

★21　①であっても一匹の麝香猫の糞が少量であるため、複数の糞を集めて生豆の商品としてのコーヒーを精製するために、商品には品質からみても大きな差が出てしまうし、②は餌など麝香猫の飼育環境で、③は混ぜるコピ・ルアクの量で、④も偽物のコーヒー自体のポテンシャルで、品質に差が出てしまう。

は、ある過程が一定の条件のもとで正確に再生産できるとする近代科学や、事物の等価性の普遍的システムを提起する産業合理性と同時代のものである〔中略〕。この複製過程では、現実は、単に複製可能なものではなく、いつでもすでに複製されてしまったもの、つまり、ハイパー現実なのだ。［Baudrillard, 1975=1982: 153］

生産地というごく限られた場所でだけ知られていたコピ・ルアクの情報が拡散されることによって、需要が喚起され、「人工飼育」「混ぜ物」「偽装」などのコピ・ルアクが市場へ向けて複製されるようになっていく。コピ・ルアクに限らず、本物／偽物が問われる多くのものは、今日、〝現実のイメージ〟によって、リアリティが規定されていくことになる――つまり本物は現実であり、偽物は非現実であるけれども、複製の流布によって構成されていく〝現実のイメージ〟が〈現実に入れ替わって〉〈現実〉となるのである。ブランド品について貞包英之は以下のように述べている。

ブランド品とは、他に代用が効かないと認められた商品であり、そのため安価な代用品やコピー品がでまわることで逆説的にもその価値は高められていくのである。［貞包、二〇一三、八〇頁］

ただ複製品の出現は「オリジナル＝現実の価値」[★22]を高めていくだけではない。Ｊ・ボードリヤールの言うハイパー現実は、現実が崩壊しながら、現実の価値を高めていった結果としての「現実のための現実」なのである。[★23]

現実《リアリティ》は、ハイパー・リアリズム、すなわち現実そのものを緻密なコピーにしてしまう過程で崩壊するのだが、この過程は、とりわけ宣伝や写真などの複製的メディアによってはじめられる。メディアからメディアへ移行するたびに、現実は蒸発して、死のアレゴリーとなる。だがそれだけではない。現実は崩壊することによってさえも、かえってみずから

★22　ヴァルター・ベンヤミンは、複製技術の進歩によって、芸術作品がオリジナルゆえに有する価値＝アウラを消失する一方で、多くの人たちに公開されることで「新しい芸術的価値」を生み出す可能性を示している［Benjamin, 1936=1970］。

★23　Ｊ・ボードリヤールは「ハイパー・リアリズムの定義は逆転されねばならない」「ハイパー現実となったのは、今日では現実そのものの方だ」［Baudrillard, 1982=1982: 154］と言う。

を強めてゆき、現実のための現実、つまりハイパー現実となる。[Baudrillard, 1975=1982: 150]

現代社会においては、複製技術の科学的進歩は、様々な領域で加速され、人工的に作られた仮想現実（VR: Virtual Reality）を体験・経験することは日常生活でも当たり前になっており、人工的に作り出された音や映像のＶＲに「現実」よりもリアリティを感じることもさほど驚くような経験ではなくなってきた。ＶＲはある意味で――開発目標が当初から――現実を超えているのである。

最近の食料品を事例として、人工的に作り出されていく香り（匂い）・味など人工香料や人工調味料を考えれば、それらは「現実」の緻密な複製というよりも、強く際だった「現実の複製」を目指して科学的開発が進められた結果として作られたものである。だから、人工香料や調味料に慣れてしまうと、天然の素材自体が物足りなく感じられてしまうようになっていくのである。

また、拡張現実（AR: Augmented Reality）は、現実世界に仮想世界を重ね合わせ作り出された現実を意味している。けれども、ＡＲは肉眼で直接見たり、身体感覚で感じたりすることが可能な現実世界に重ねて、本来その現実空間に存在しない情報によって構成されていく現実である。ＡＲのような現実の構成は、ゲームやコンサートなどイベントだけにとどまるわけではない。例えば、自らの心拍数・体温・血圧・消費カロリー・睡眠などを計測・数値化した記録を★24可能としているスマートウォッチなどを利用する人たちは、自身の身体に関する情報によって「新しい現実」を知り、身体情報の記録を参照しつつ——一日の、一週間の、一カ月の……運動量や摂取カロリーなどを確認しながら——日々の生活を（自ら望んで）送るのである。

リアルな現実は、ありのままの現実という静態的なものではなく、文化・社会・科学によってもたらされる情報・知識「を解釈する／に解釈される」ことによって、構成・理解されていく動態的なものなのである。

★24　余談であるが、サードウェーヴ・コーヒー・ブームでは、美味しさが点数化されることによって、評価点数によってコーヒーの市場価格を差別化していく試みが業界でなされている。ブームの下で美味しいコーヒーを求めようとする消費者は、飲んで味わう前に、点数化された数値を情報として知ってから、コーヒーを味わうのである。

6　ミステリーとしての現実

ここまで現実について、あれこれと取り留めがないことを書き連ねてきた。Ｅ・モランが「現実はミステリーを包含している」と言っているように[★25]［Morin, 2017=2023: 49］、現実の理解から論理＝〝オルタナティブな現実〟を構成しようとする社会学という学問には、いつもアポリアがつきまとうことになる。

本章で私が言いたかったことをまとめておこう。

（1）人々が生きる現実は、個々それぞれの苦悩・欲望・感情・衝動・意識・価値観・希望・恐怖などが入り混じった私的主観から構成されるとともに、個人の意思ではどうにもならない──自己の主観と対立するような矛盾を孕んで──相互主観としても構成される。[★26]

（2）社会学が探求しようと試みる現実は、「未知で不可解な」「不確実で神秘的な」出来事や現象（と自分自身で意識している）であり、解き明かしてみたいという衝動を抑え切れないようなミステリーである。

★25　E・モランは以下のように述べている。

現実は超複雑なものである。現実は複雑性、異質混淆性、物象化、想像的なもの、不確実性、未知のもの、そしてミステリーを包含している。[Morin, 2017=2023: 49]

ミステリー（謎＝神秘）は現実のなかにあり、現実はおそらくミステリーという語の二つの意味のなかに潜んでいる。（一）認識できないもの（二）われわれの生が展開される聖／俗の儀式。[Morin, 2017=2023: 49]

★26　E・モランは「外部にある現実」について以下のように述べている。

われわれの外部にある現実の絶対的・最終的な城砦は、われわれの欲望、われわれの意図、われわれの行動といったものに逆らうもののなかにある。その城砦はまた、われわれの思想に逆らうものでもあると言える。[Morin, 2017=2023: 38]

（3）人々の現実を手掛かりとして社会学が構成しようと試みる論理は、個々それぞれ多様な主観を人間社会という普遍的な文脈で捉えるとともに、個々の主観に対立して立ちはだかるように存在する相互主観的現実の構成過程を明らかにすることによって、〝オルタナティブな現実〟の可能性を示そうとするものである。

（4）人間が生きる現実が限られた束の間であるように、社会学が提示する〝オルタナティブな現実〟もはかなく矛盾を孕んだ不完全なものである。

（5）社会学が構成する論理は、現実の社会学的理解がいつも不完全／未完成であることを想定するとともに、ある特定の知識＝理解には常に〝無知〟が潜在していることを組み込んでいなければならない。

（6）社会学が構成しようと試みる〝オルタナティブな現実〟は、謎解きの答え（の一つ）であるとともに、そこに新たな問いが含まれていなければならない。

冒頭で述べたように、社会学することの醍醐味は、人々が当たり前だと思って疑ってもみない自明性を解体するような〝オルタナティブな現実〟を構成しようと試みることである。「深夜の交差点で突然姿を消した自転車に乗った女性」に関する私の記憶など他の人たちにとって取るに足らないどうでもいいことかもしれない。たとえ他の人たちの関心を惹きそうにないことであっても、なぜか気になって仕方ないような出来事があるとしたら、それがオルタナティブな現実を構成しようと試みる社会学の始まりである。私は、今でも深夜の交差点で信号待ちをしていると、あの時のことを思い出して、消えた女性を探している滑稽な自分に気づくとともに、もっと上手く説明する方法はないか、と問い続けている。

参考文献

Anderson, Benedict. 1983, *Imagined Communities: Reflections on the Origin and Spread of Nationalism*. Verso.（＝二〇〇七年、白石隆・白石さや訳、『定本 想像の共同体——ナショナリズムの起源と流行』書籍工房早山）

Balzac, Honoré de. 1939, "Traité des excitants modernes", →1981, "*Pathologie de la vie sociale*", *La Comédie humaine, tome XII*, Gallimard.（＝一九九二年、「近代興奮剤考」山田登世子訳『風俗研究』藤原書店）

Baudrillard, Jean. 1975, *L'échange symbolique et la mort*, Gallimard.（＝一九八二、今村仁司・塚原史訳『象徴交換と死』筑摩書房）

Benjamin, Walter. 1936, *Das Kunstwerk im Zeitalter seiner technischen Reproduzierbarkeit*, Suhrkamp.（＝一九九九年、高木久雄・高原宏平訳「複製技術の時代における芸術作品」、佐々木基一編集解説『複製技術時代の芸術』晶文社）

Berger, Peter L. and Thomas Luckman. 1966, *The Social Construction of Reality :A Treatise in the Sociology of Knowledge*, Doubleday & Company.（＝二〇〇三年、山口節郎訳『現実の社会的構成——知識社会学論考』新曜社）

Blumer, Herbert. 1969, *Symbolic Interactionism : Perspective and Method*, Prentice-Hall.（＝一九九一年、後藤将之訳『シンボリック相互作用論——パースペクティヴと方法』勁草書房）

Camus, Albert. 1942, *Le Mythe de Sisyphe*, Gallimard.（＝二〇〇六年、清水徹訳『シーシュポスの神話』新潮社）
Crosley, Nick. 2005, *Key Concepts in Critical Social Theory*, Sage Publications.（＝二〇〇八、西原和久監訳『社会学キーコンセプト――「批判的社会理論」の基礎概念57』新泉社）
Durkheim, Émile. 1912, *Les Formes élementaires de la Vie religieuse, Le Système totémique en Australie*, F. Alcan.（＝一九七五年ａ、古野清人訳『宗教生活の原初形態（上）』、一九七五年ｂ、『宗教生活の原初形態（下）』岩波書店）
Goffman, Erving. 1959, *The Presentation of Self in Everyday of Life*, Doubleday.（＝二〇一三、中河伸俊・小島奈名子訳『日常生活における自己呈示』筑摩書房）
――. 1961, *Encounters : Two Studies in the Sociology of Interaction*, Bobbs-Merrill.（＝一九八五年、佐藤毅・折橋徹彦訳『出会い――相互行為の社会学』誠信書房）
後藤将之、二〇一七、「シカゴ社会学の鍵概念――トーマスとミード」『成城文藝』二四二号、八五―一〇七頁
小島政二郎、一九八七、『食いしん坊１』朝日新聞社
松田孝宏・柴田理恵編、二〇一三、『図説 江戸の幽霊「江戸怪談と幽霊画」』洋泉社
Morin, Edgar. 2017, *Connaissance, Ignorance, Mystère*. Fayard.（＝二〇一三、杉村昌明訳『知識・無知・ミステリー』法政大学出版局）

中根光敏、一九九七、『社会学者は2度ベルを鳴らす――閉塞する社会空間／熔解する自己』松籟社
――、二〇一四、『珈琲飲み――「コーヒー文化」私論』洛北出版
――、二〇一八、「インドネシアのコーヒー文化」中根光敏・今田純雄編『グローバル化の進行とローカル文化の行方』いなほ書房
――、二〇二二、「グローバリゼーションとコーヒー文化の変容――インドネシア・スマトラ島を事例として」中根光敏・山里裕一・田中慶子『グローバル化と生活世界の変容』いなほ書房
――、二〇二三、「スマトラ・マンデリンとは――多様化する精製方法を中心として」日本コーヒー文化学会編『専門家が語る！コーヒーとっておきの話』旭屋出版
Polanyi, Michael. 1966, *The Tacit Dimension*, Peter Smith.（＝二〇〇三年、高橋勇夫訳『暗黙知の次元』筑摩書房）
貞包英之、二〇二三、『消費社会を問いなおす』筑摩書房
佐藤郁哉、一九九一、「主体と構造――トマスおよびズナニエッキの「状況の定義」論をめぐって」『社会学評論』四一巻四号、三四六―三五九頁
寺田寅彦、一九三三、「コーヒー哲学序説」『経済往来』昭和八年二月（引用は一九四八年→一九六三年第20刷改版、小宮豊隆編『寺田寅彦随筆集 第四巻』岩波書店）
Thomas, W. I. and Znaniecki, F.. 1918-1920→1958, *The Polish Peasant in Europe and America, Second Edition*, Dover.（＝一九八三年、桜井厚訳『生活史の社会学――ヨーロッパとアメリカにおけるポーランド農民』御茶の水書房）

第2章　大卒者の就業について考える

仁井田典子

1　近年の大学生は「仕事に困らない」？

1―1　「当たり前」を疑ってみる

社会学とは社会を研究対象とする学問である。社会学が研究対象とする社会とは何かを厳密に説明するのは容易ではないので、とりあえずここでは、社会とは「人の集まりである」と捉えておくことにしよう。人の集まりといっても、学校や職場といったメンバーが決められたものだけを指すわけではなく、市街地を行きかう人びと、電車のなか、スタジアム内などの匿名的な集まりも含むし、実体的な社会空間だけでなくインターネット上におけるＳＮＳなどへアクセスするような人びととの集まりも含んでいる。

社会学は高等学校で学んだ社会科のように、正解が決まっている知識を覚えるものではない。社会学とは、社会において「当たり前」とされていることを「なぜそのようになっているのか」と問い直す学問である。

近年の大学生の就職状況は、少子化による人口減少によって売り手市場となっている。実際のところ今日（二〇二四年一一月現在）、選ばなければ大卒者が就職先をみつけることは決して難しいことではない。二〇二三年三月の大学卒業者のうち、就職者の割合は七五・九％である［文部科学省、二〇二三］。かと言って、大卒者には、就職や将来について明るい未来が約束されている、と考えている人はごくわずかである。にもかかわらず、多くの大学生が「卒業したら企業などに正社員として就職する／したい」と考えているだけでなく、多くの人たちもそれが「当たり前」だと思っている。本当にそうなのだろうか。本章では、この点について就職氷河期を起点として、近年の大卒者たちと比較しながら論じていきたい。

1―2　就職氷河期の若者の就業問題

就職氷河期とは、『日経キーワード2024―2025』によれば、「バブル崩壊後で企業の新卒採用が特に厳しい時期」であった「一九九三～二〇〇四年頃に大学などの卒業時期を迎えた世代を指す」とされていることから、本章では一九九三年から二〇〇四年に大学を卒業した人たちとする。就職氷河期のなかでも就職者の割合が最も低かったとされる、二〇〇三年三月に大学を卒業した人たちの正規雇用の就職者の割合は、五五・一％であった〔文部科学省、二〇〇三〕。新卒者の三年以内の離職についても問題とされ、『新規学校卒業就職者の在職期間別離職状況』によれば、二〇〇三年三月に大学を卒業して就職した人たちのうち、三年以内に離職した人の割合は三五・八％であるという。

就職氷河期世代の若者たちは「フリーター」「ニート」という言葉を使って社会問題化された。もともと「フリーター」は、アルバイト情報誌『フロム・エー』で、夢や自由を求めて自らの意志でアルバイト生活をする若者たちを意味する言葉として、一九八〇年代半ばに誕生した。その後、『平成三年版労働白書』において「フリーター」の定義がなされて以降、白書ごとにそれぞれの定義がなされていった。それらの定義におおよそ共通していたのは、①一五歳から三四歳であること、②「パート」「アルバイト」など非正規雇用者として働いていること、③学生と主婦が除外されていることの三点であった。当時の就業形態が現在ほど多種多様ではなかった状況を鑑みると、就職氷河期世代の若者の就業問題とは、離学してから正規雇用の仕事に就いていない若年男性が主な対象であったと言い換えることができよう。

「フリーター」や「ニート」と呼ばれる若者たちが増加したとされる原因は、バブル崩壊後の経済の低迷や非正規雇用の拡大により、雇用する側が若者の正規雇用の求人を減らしたこと以上に、若者の就業に対する「目的意識」や「意欲」の欠如がより強調されるかたちで問題化された。たとえば、もともとイギリスで使われていた「ニート（NEET）」は、教育・雇用・職業訓練のいずれにも参加しない若者を指す言葉であった。しかしながら、日本では「仕事についていないだけでなく、仕事につこうとする希望すら失ってしまった無業者の若者」であると紹介され［玄田・曲沼、二〇〇四］、「働く気のない若者」という意味が付け加えられて使われたのである。また、非正規雇用や無職の状態となった者は、「職業能力」を向上させる機会に恵まれないために正規雇用に就くのが難しいとして、「フリーター」や「ニート」の増加の原因のひとつとして挙げられた［内閣府編、二〇〇三］。

「フリーター」「ニート」に対する就業支援策としては、二〇〇三年に『若者自立・挑戦プラン』、二〇〇四年に『若者自立・挑戦のためのアクションプラン』が文部科学省・厚生労働省・経済産業省・内閣府により提示された。このなかの主な対策としては、若者の就職促進を目的として就職に関する相談や情報提供などを行う「ジョブカフェ」の設置、若者の就業に対する目的意識の向上を目的とした「キャリア教育[★1]」の実施が挙げられる。

このように、就職氷河期世代の若者の就業問題は、正規雇用の仕事に就いていない若者たちのなかで「外で働く者」であるとされていた男性たちが主な対象とされ、非正規雇用や無職の若者たち個人に、正規雇用に就いていない原因や就業に向けた活動を行っていくことを求めるものであった。同時に、就職氷河期の若者たちは、正規雇用に就いていないことが白書のなかで問題としてとり上げられ、公的に就業支援策が行われるといったように、社会問題として扱われていた。すなわち、就職氷河期世代の若者たちは「正規雇用者としての就職」や「結婚」を社会的に期待される存在として扱われていたのである。

2　氷河期世代の定職に就いていない若者たちの生活世界★2

既に述べたように、就職氷河期世代の若者たちのなかで、学校を卒業後も非正規雇用や無職の状態にある若年男性たちは「フリーター」「ニート」と呼ばれ、社会問題の主な対象として扱われていた。当時の彼らは、自らが社会問題の当事者であることを意識することで劣等感を

★1　中学校や高等学校における「職場体験」、大学における「キャリア」と名付けられた授業科目がそれにあたる。

抱えつつも、そうしたなかで自らをどのように防衛しようとしていたのか。この点について明らかにするために、第二節ではAさんとBさんを事例[★3]としてとり上げる。

2―1 イタリア語により家族とは異なる「特別」な存在として意味づける：Aさん

Aさん（男性）は、一九八〇年に東京都の下町に生まれた。祖父、父母、三歳年下の妹と同居をしており、父親は個人事業主で、専業主婦の母親は病気がちで長いあいだ病院通いを続けている。妹は高等学校を卒業後、アルバイトとして就業している。彼は中学卒業後の進路について、親から「高校へ進学するのではなく仕事に就くように」と言われたが、本人の希望により都立高校普通科へと進学し、高校卒業後は外語専門学校に進学して主専攻の英語、副専攻のイタリア語を学んだ。彼は卒業後の就業先が決まらないまま、二〇〇一年三月に外語専門学校を修了した。

専門学校修了後、工場で商品管理のアルバイトを三か月間続けたほかは、日雇い派遣で軽作業の仕事を断続的に行ってきた。[★4]その間に彼はイタリア語の語学学校に通いはじめ、イタリア語の勉強を続けた。ジョブカフェには二〇〇五年から通い始めた。ジョブカフェに通い始めて以降のAさんは、それまでに貯めた貯金を切り崩しながら生活しており、アルバイトはしていない。

★2　ここでの「生活世界」とは、ピーター・バーガー（Peter Berger）らの「日常生活の世界」と同様の意味で用いる。すなわち、生活世界は「社会の通常の成員によって、彼らの生活の主観的に意味のある行動のなかで、現実として自明視されているだけではない。それは彼らの思考や行動のなかにその源をもつと同時に、こうした思考や行動によって現実的なものとして維持されている」［Berger and Luckman 1966=2003: 29］ものである。

★3　筆者は、二〇〇五年四月に東京都二三区内の主要ターミナル駅近くにあるジョブカフェを初めて訪れ、二〇〇八年三月まで、東京都二三区内の主要ターミナル駅近くにあるジョブカフェで毎週開催されたチャットと呼ばれるイベントに定期的に参加し、そこでAさんやBさんと知り合った。Aさんへのインタビューは二〇〇五年七月一五日、Bさんへのインタビューは二〇〇六年一〇月二九日に行った。そのほか、このチャットと呼ばれるイベントやそれを介して形成された自発的な集まりにおいて参与観察を行った際に見聞きしたこと、彼らと一緒にこのジョブカフェ以外の場所に出かけていった際に見聞きした内容についても含まれている。N：とは筆者の発話部分を指す。

2―1―1　人間関係の希薄さ

Aさんは「今まで人と仲良くなるのが嫌だった」「学校では人と話さなかった」と話し、学生時代から友人が少ない。「小・中学生の頃から現在まで継続的につきあいのある友人がいない」だけでなく、外語専門学校のクラスメイトとは「専門学校修了と同時につきあいが途絶えてしまった」という〔二〇〇七年三月七日ジョブカフェにて〕。

その後の彼には非正規雇用の就業経験があり、人と接する機会が全くなかったわけではなかったものの、これまでの就業先において「人間関係を築くことはできなかった」という。彼はジョブカフェに通い始める前にアルバイトをしていた頃の職場での自身について「動くタンパク質の固まり」と表現しており、同じ就業先で働く人に挨拶をしたり、休憩時間に会話をしたりといった「最低限の社会的な」行為をすることさえなかったと話す。Aさんは自身について、人との接点を求めているにもかかわらず、挨拶や休憩時間に他の就業者たちと会話をするなどの交流をはかろうとしなかったために、就業することが「楽しくなかった」と感じられ、アルバイトを継続することが「きつく」なって辞めてしまったのではないかと分析している。

そんなAさんにとってジョブカフェのイベントは、人と言葉を交わすほぼ唯一の場であったものと思われる。そこでの彼は、その場にいる参加者のうち、親しくなった人や親しくなりたいと思った人には、挨拶や会話を交わすなどしていた。けれども、単に顔見知り程度の参加者に対しては、自分から挨拶や会話を交わすことがほとんどなかった。★5 彼がジョブカフェのイベントで親しくしていたのは、絵を描くこと、サッカー観戦、競馬、洋楽を聴くことといった、好きな話題を共有できる相手であった。

★4 Aさんによれば、彼は「自分の殻に閉じこもるタイプ」であり、その頃の自らの状況について、就業先でも他の就業者たちと「接点を持とうという意志がなく」「人との接点そのものがなかった」と話している。そんな彼は、「ひきこもり」や「ニート」について書かれた本を読んで、自分は「あまりにもひきこもりすぎてて、なんかおかしい感じ」だと認識していたという。そこで無料でカウンセリングを受けられるような施設を探していたところ、ジョブカフェに行き着いたのだと語る。

★5 Aさんは筆者のことを、ジョブカフェのチャットと呼ばれるイベントの参加者の誰とでも会話を交わそうとするとして「八方美人」と揶揄し、親しくない人や特に親しくなりたいと思わない人に対してそつなく振る舞うのは「嫌」なので「したくない」のだと話していた〔二〇〇七年二月一四日、ジョブカフェにて〕。

2―1―2　原因としての家族への依存

Aさんのインタビューのなかには、自身の交友関係の乏しさの原因を家族に求めている語りがみいだせる。

A：下町と言われる、人情味があふれるとかいうのが想像される場所に住んでいるんだけど、小さいときからね、家族全員そろってご飯を食べたことないんだよね。家族が仲が悪くてさ。僕がバイト先で挨拶しないっていうのもそこで、家族と挨拶とかしたことないんだよ。「いただきます」とか「ごちそうさま」とかって、学校での儀礼だと思ってた……。〔中略〕家では基本的に喧嘩ばっかりで、学校では人と話さない人だったから、学校でも家でも落ち着く場所がなかった……。人と仲良くなるのが嫌だったの、そこ〔＝育ってきた家庭環境〕が影響してるかもしれないかなとか思ったりするんだけど、ちょっとだけ。

Aさんは、自分の育ってきた家庭環境が、彼の学校や職場などにおける交友関係の乏しさに影響しているのだと語っており、家族同士が挨拶や言葉を交わすことのない環境で育ってきたために、学校や職場などにおいて人間関係を構築していくことができなかったのだと意味づけていることがうかがえる。

また、彼は自分の家族について次のように語っている。

Ａ：〔ジョブカフェのチャットと呼ばれるイベントで〕家族の話になったから、つい勢いで「家族は一番近くにいる他人」とか言っちゃったんだけど、そんな感じ……。はっきり言って全く親に迷惑かけてるって思ってないの。〔ジョブカフェの〕他の人は「いつまでも迷惑をかけられないから」とかって結構言うの。だけど僕は全くそれがなくって。小さいときからお前らにかけられてきた迷惑に比べると、俺が今お前らにかけてる金銭的な迷惑はたいしたことじゃあないだろう、みたいな感じで。〔中略〕

Ｎ：じゃあ今、親に負担かけてるって言ったら、食費とかってこと？

Ａ：そうだね、食費とか光熱費とかそういうやつ。いつまでも迷惑かけられないとか、そういうふうなことは思わないんだよね。〔中略〕まあ家は出たいけどね、やだやだ、ほんとに。落ち着かないもんね。〔中略〕基本的に家族が大事だと思ってないからね。何言われても、ほんとに。

Ｎ：今はとりあえずライフラインって感じ？

Ａ：そう、ほんとに。

Ａさんによれば、ジョブカフェのチャットと呼ばれるイベントにおいて他の参加者たちは、就業していない、もしくは定職に就いていない自分たちの状況について、それぞれが「親に迷惑かけてる」と話していたという。そうした他の参加者の意見とは対照的に、彼は生活費を親に支払ってもらって生活している現状について、「全く親に迷惑かけてるって思ってない」「たいしたことじゃあないだろう」と語る。そのように思っている理由について、これまで彼の家庭は喧嘩が絶えず、家族から迷惑をかけられてきたことを挙げている。就業していない現状においても彼が生きていくためには、家族と同居しなければならないにもかかわらず、家庭内での喧嘩の絶えない状況は「落ち着かない」ので「家は出たい」と話している。そして、筆者が彼の話を聞くうちに思わず口にしてしまった「ライフライン」という言葉に、彼は躊躇なく同意している。こうしたＡさんとのやりとりからは、彼にとって家族は、この時点において生きていくために必要なので頼っているに過ぎない存在であるとみることができよう。

またＡさんは、家族のなかでも特に親について「大事だと思ってない」「嫌」だと語り、家族と同居し自分もその家族の一員でありながらも、あえて「他人」という言葉で言い換えている。こうしたＡさんの語りからは、家族に対する嫌悪感と同時に、自身を家族とは「異質」な存在として意味づけようとしている様子がうかがえる。

２―１―３　イタリア語に対する矛盾した態度

イタリア語に対する執着

Ａさんは、高校三年生の頃から独学でイタリア語の勉強をはじめ、外語専門学校では副専攻として学んでいた。彼によれば、「専門学校でイタリア語はよくできるほうで、先生にも気に入られていた」という〔二〇〇六年一〇月四日、ジョブカフェにて〕。そして、外語専門学校を修了してからも勉強を続けてきた。

またＡさんは、ジョブカフェのチャットと呼ばれるイベントの定期的な参加者であるＢさんが、大学で第二外国語としてフランス語を学び、語学に対して強い興味を示していると知ったことから、Ｂさんにイタリア語を勉強していることを話したのだという。するとＢさんは、「イタリア語は簡単だからいいですね」と言ったという。Ａさんはそのように言われたことに「むかついた」と繰り返し筆者に語った。ＡさんがＢさんにイタリア語が「簡単」だと言われて「むかついた」のは、そのように言われることで、イタリア語だけでなく、それを勉強している自分が否定されたのだと解釈したためであろうと考えられる。Ａさんのこうした語りからは、彼がイタリア語に対して強い執着を持っていることがうかがえる。

イタリア語に対して強い執着を示すＡさんは、イタリア語は自分にとって「趣味」であるとは言うものの、単なる娯楽にとどまってはいないことが彼の語りからうかがえる。

A：不幸にも、僕の趣味がイタリア語という妙なところにあるから、趣味を生かすとか、やりがいを生かすとなると、めっちゃくちゃ狭いわけで。

N：しかも厳しい業界だよね。

A：厳しい厳しい。〔中略〕だから理想としては、とりあえずバイトして週五日ぐらい働いて金つくってイタリアへ行きたい……。ここでやってたって、自分のイタリア語がどれくらいのものかなんて全然わからない。イタリア語検定とかも興味ないから、現地でどんなもんなのかなって。

Aさんは、イタリア語を就業に結びつけるのは困難であると強く認識している旨を語っており、それゆえに自分にとってイタリア語は「趣味」なのだという。そのうえで、「自分のイタリア語がどれくらいのものか」実力を試してみたいという思いから、イタリア語の勉強に力を注いでいるのだという。彼は自身のイタリア語の語学力を試すための方法として、イタリア語検定を受検することと現地に行くことの二つを挙げている。ジョブカフェに通い始めてからの彼は、それまでに働いて貯めたお金を「必要最小限」使ってやりくりしているのだと話していることを考え合わせると、彼が現地へ行って自身のイタリア語の実力を試すことは、すぐにでも可能なことのように思われる。にもかかわらず、彼は貯めたお金を「イタリアへ行きたい」という自らの希望を叶えるための渡航費用にあてようとはしていなかった。また、イタリア語検定を受検することについても「興味ない」と話していた。このようにAさんは、単なる「趣味」であると言いながらイタリア語の勉強を続け、現地へ行くことだけを夢みている状況に留まり続けようとしていることがうかがえる。

イタリア語の語学力に対する「自信」

Aさんはイタリア語を単なる「趣味」であると言いながらも、イタリア語に対してだけでなく、イタリア語の語学力を生かした仕事に就くことにも強い執着を持っていることがうかがえる語りがみられる。

Ａ：でもさ、サッカーの雑誌とかでイタリア語の訳をみてたら、すごい下手な訳とかあるわけよ。そういうのとかむかつくし。

Ｎ：なんでこいつが仕事に就けるのかとか思う？

Ａ：そう、思う思う。以前サッカーの雑誌の翻訳をしてる日本人が、一回だけ僕の先生になったことがあるのね。その人はサッカーのことを全然知らないのに訳して、たいしたこともない訳でね。しかもイタリア語を教えるのもめちゃくちゃ下手だしみたいな。その人、今は放送局でイタリア語講座の先生やってて、あのレベルでよくできるなと思うけど、コネがあるらしいんだよ。はっきり言って実力だけで入ったって感じじゃあないよ。放送局で何やってたか知らないけど、学生のときからアルバイトしてたとか、そういうのがあってイタリア語講座の先生をやってるんじゃないかと思っちゃうくらい、コネも大切な世界らしいんだ。俺はそういうの、全くないから……。

Aさんは海外のサッカーの雑誌をみて、イタリア語から日本語への翻訳が「すごい下手な訳」であるとき「むかつく」のだという。これを受けて筆者は、彼がイタリア語から日本語への翻訳が「下手」で「むかつく」のは、下手な翻訳をする人がイタリア語の語学力を生かした仕事に就けて、自分がそうした仕事に就くことが出来ないことによるものなのかと彼に問うために、「なんでこいつが仕事に就けるのかとか思う?」と聞き直している。それに対して彼は、「そう、思う思う」と答えている。こうした語りからは、彼のイタリア語の語学力に対する自信がうかがえる。

また、Aさんがこのイタリア語の講師について、翻訳した文章が「たいしたこともない」うえに、教え方もうまくないにもかかわらず、放送局でイタリア語講座の講師をしているのは、学生のときから放送局でアルバイトをしていたといったような「コネ」があるからではないかと言う。イタリア語の語学力を生かした仕事に就くためには、こうした「コネも大切」だが、自分には「全くない」のだと語る。このように、Ａさんは「コネ」という言葉を繰り返し使い、プロとして働くイタリア語講師と自分との違いを、「コネ」のあるなしで説明している。こうした彼の語りからは、もし自分にも「コネ」さえあれば、イタリア語の語学力を生かした仕事に就くことができることを、筆者に対してそれとなくアピールしている様子がうかがえる。

イタリア語の語学力に対する自信のなさ

「コネ」に関する語りと同様に、Ａさんは語学学校で知り合った、国立の外国語大学出身で現地への留学経験のある「スマート」な経歴を持つ人のイタリア語の語学力に関しても、「大したレベル（ではない）」と語った。それは、もし自分にも「スマート」な経歴があれば、イタリア語の語学力を生かした仕事に就くことができることを、筆者に対してアピールしようとしていたためであるとみることができよう。筆者は彼のこうした語りから、もし彼に、国立の外国語大学の出身者であるという学歴や、イタリアへの留学経験といった「スマート」な経歴、仕事に就くための「コネ」があれば、イタリア語の語学力を生かした仕事に就くことができるのではないかと考えた。そして、彼がこれらを手に入れるためには、大学院へ進学することが最良の手段であると考えた筆者は、彼に電話で連絡をとって大学院への進学を勧めた。

ジョブカフェでAさんに会った際、筆者は再び大学院への進学の話題に触れた。彼の前向きな返事を期待していた筆者に対して、彼は大学院へ進学できない理由として、金銭的な負担が重いことのみを挙げた。筆者は、大学院進学にかかる費用が彼のアルバイト代で賄える範囲の金額であること、彼が都内で親と同居しており当面は生活の心配がないことなど、彼の生活状況を考慮した上で大学院進学を勧めたつもりであった。それゆえに、筆者は彼から金銭的な負担が大きいと言われたとき、そんなことはないと反論することも考えた。しかしながら、彼が金銭的な問題だけを挙げてあっさりと説明しようとする様子をみて、筆者はAさんがこの話題についてそれ以上触れて欲しくないのだと解釈した。そのため、筆者は彼に対して反論することなく、この話題にそれ以上触れることを避けた。

こうしたAさんとのやりとりを機に、筆者はそれまでの彼とのやりとりを振り返ってみた。イタリア語検定の受検や大学院への進学といったように、イタリア語の語学力を生かした仕事に就くための具体的な行動をとることに話題が向かうと、彼はこれまでみてきたイタリア語に対する「自信」とは裏腹に、イタリア語の語学力に対する自信のなさを強調した語りがみられた。

Ａ：仕事に何を求めるのかとか言われると、どうなんかな。やりたい仕事は特にはないし。
Ｎ：じゃあもし、イタリア語の仕事をみつけても、それにはやりがいを感じないってこと？
Ａ：仮に就けるとしたら？　それはラッキー、やりたい（笑）。だけどさ、まあそれはほんとに仮の話。イタリア語を使う仕事が来ればやると思うけど、まあそんな夢のような話はないし。そういうふうに仮定してみると、全く働く意欲がないわけではないのかも。ただ、そこに上り詰めるまでにいろんなところに応募してみるとか、そういうふうなことをやるほど、僕はイタリア語に自信があるわけではないし。

Ａさんによれば、イタリア語の通訳や翻訳の仕事をする人たちの多くは、他の仕事と両立して生計をたてながら、イタリア語の仕事を紹介してくれる会社に登録しているが、彼自身はそのような会社に登録する気はないという。このように、Ａさんは毎日イタリア語の勉強を続けていながらも、イタリア語の語学力を生かした仕事に就くための具体的な行動をとろうとはしていない。筆者は彼に、仮にイタリア語に関連した仕事に就けるチャンスがあったとしたらどうするのかとたずねると、彼は「やりたい」と話すものの、自分がイタリア語に関連した仕事に就くことは、起こりうるはずのない「仮の話」であり、その理由として、イタリア語に関連した仕事に就くために具体的な行動をとるほど「自信があるわけではない」からだと語った。つまり、彼がイタリア語の仕事に就くための具体的な行動をとろうとしないのは、「スマート」な経歴や、仕事に就くための「コネ」がないからではなかったのである。

イタリア語≠仕事に就くための技能

同様に、ジョブカフェのイベントにおけるAさんの様子からも、イタリア語の語学力に対する自信のなさがうかがえた。彼は筆者に対しては、毎日大半の時間をイタリア語の勉強に費やしていると語り、イタリア語の語学力に対する「自信」をみせる一方で、ジョブカフェのイベントにおいて、イタリア語を勉強していることを他の参加者たちに公言していなかった。彼はその理由について、インタビューで次のように話している。

A：〔ジョブカフェのチャットと呼ばれるイベントで〕「経理というのはなんとかなんとかで、私は面接でとか、こんな経験をして」とかって話をする人がいるけど、僕は「そんなにかたく話してもしょうがないじゃん」みたいなノリで話しちゃうんだよね。真面目な人からみると「お前何なんだ？」とか思われちゃいそうじゃない？「お前は一体何者なの？」とか言われると、バイトはしてたけど、働いてた経験もないし何もないわけで。で、「イタリア語やってます」って言ったって、「じゃあなんなの？」とか言われたらきついしね。

ジョブカフェでは、非正規雇用や無職の若者に、求職活動や職業訓練に参加するといった、正規雇用の仕事に就くという施設の目的に即した具体的な行動をとることが求められる。彼のいう「真面目な人」とは、この施設の目的に即して、自ら意欲的に正規雇用に就くための具体的な行動をとっている人のことを意味する。ここでは、ジョブカフェのイベントの参加者のうち、正規雇用の仕事に就くために具体的な行動をとっている「真面目な人」と、求職活動をしていない自らを対比させて語っている。彼は、専門学校修了後の自らの経歴について、「バイトはしてたけど、働いてた経験もないし何もない」と話し、アルバイト経験を自らの就業経験の一部として位置づけていない。そして、ジョブカフェの他の参加者たちの前でイタリア語を勉強していることを話すのは「きつい」と語る。

Aさんがジョブカフェのイベントの他の参加者たちの前でイタリア語を勉強していると話すことは、彼のイタリア語の語学力が就業に結びつく可能性が問われることを意味する。もし彼がイタリア語の語学力を生かした仕事に就ける可能性を信じていたならば、他の参加者からどのような評価を受けたとしても、それほど「きつい」とは感じなかったであろう。また、彼がイタリア語を娯楽として意味づけていたならば、他の参加者たちからどのような評価を受けたとしても、イタリア語は単なる「趣味」だと言い張ることもできたであろう。しかしながら、Aさんにとってイタリア語は、単なる「趣味」でもなく、かといって仕事に就くための技能として意味づけられていたわけでもなかったのである。

Aさんの語りからうかがえるのは、彼にとってイタリア語は、彼自身のなかで自らを「特別」な存在として意味づけるために必要不可欠なものであったということである。

2—2　学歴により他者と差別化する：Bさん

2—2—1　就職活動の出遅れを取り戻そうとする

地方出身者のBさんは、一九九〇年代終わり頃に高等学校を卒業し、東京都内のある有名難関私立大学の法学部に入学する。彼はこうした進路を選択した理由について、まず法学部を選んだのは、他の学部と比較して「偏差値が高」く「潰しがきく」ためであるという。出身大学を選んだのは、私立大学の法学部のなかで「偏差値の高い」ところを「腕試し感覚」で数校受験した結果であると語る。

Bさんによれば、出身大学の同じ学科の人たちの卒業後の進路は、検察官や弁護士など法曹関係の仕事に就くことを目指す法科大学院への進学のほか、商社、金融・保険関係、マスコミなどの民間企業や、公務員としての就職が主なものであるという。彼は大学四年の九月から公務員試験対策の勉強を始め、就業先が決まらないまま、二〇〇四年三月に大学を卒業する。彼は大学在学中の就職活動や公務員試験対策の勉強を始めるまでの経緯について、次のように語っている。

Ｂ：〔就職〕説明会とかには行ってたんだ。でもグッと来るものはなくてあまり受けなかった……。〔中略〕卒業する年にロースクールができることになって、親がロースクールに行けって感じで推してきたので、ちょっと迷ったんだよね。〔中略〕それで〔公務員試験対策の〕勉強を始めるのが遅くなっちゃったみたいな。

Ｂさんによれば、彼が大学を卒業する年に法科大学院が設置されることになり、親から法科大学院への進学を勧められ、進学するかしないかで「迷った」ために、公務員試験対策の勉強を始めるのが遅くなったのだという。また、大学四年の九月に公務員試験対策の勉強を始めるまでは、企業説明会に参加するなどしていたものの、「グッと来るものがな」いので「あまり受けなかった」と語る。

大学を卒業したＢさんは、東京都の職員採用試験を受けたが、面接試験で不採用となった。

その直後に、彼は東京都内のある自治体の採用試験を受験したときのことについて、次のように語っている。

B：〇〇市役所は、面接の練習のつもりで受けたんだ。〔中略〕なんか、政策的なことをすごい聞かれた。〔中略〕知ったかぶりでなんとか切り抜けたけど、やっぱり見抜かれてたと思う。〔面接官に〕都庁を受けたことは言ってないけど、たぶん分かってたと思う。……だって俺、〇〇市に住んだことないし。〔中略〕

N：もし受かってたら行ってたと思う?

B：スケールが小さいから、行かなかったと思う。

N：〔中略〕大きい仕事がしたいの?

B：うん、街づくりとか、観光促進とか。

N：仕事のスケールが小さいから、〇〇市で働く選択肢はないっていうこと?

B：ないね。

Bさんは翌年の東京都の職員採用試験に備えて、「面接の練習」として東京都内のある自治体の採用の面接試験に臨んだのだという。この自治体の職員になろうと思って受験したのでははないと語る彼に、筆者は「もし受かってたら行ってたと思う？」とたずねている。それに対して彼は、「スケールが小さい」ので「ないね」と、もし採用されても就職しなかっただろうと言い切っている。このようにBさんは、仕事の「スケール」の大きさにこだわりを持って就業先を求めていることがうかがえる。彼は翌年も東京都の職員採用試験に臨んだものの採用されなかったことから、民間企業の就職先を探し始めることにする。

民間企業の就職活動を始めたBさんは、仕事を選択する際の規準について、次のように語っている。

B：〔民間企業の就職先を探し始めたのは〕妥協したってかたちかな。規模がある程度小さいのは仕方ないことだけど、仕事の内容で判断するしかないかなと思って。英語を使う仕事ってなると、貿易事務とか通訳・翻訳しかなくて。でも、事務だと女性が求められてるし、通訳・翻訳だと、帰国子女なみの英語力じゃないとだめだからなしだし。〔中略〕

N：英語を使うっていうのは、譲れないポイントだったの？

B：そうだね。英語ぐらいしか武器になるものがないかなとか思ったりしたわけよ。

Bさんは東京都の職員として就職することを「スケールの大きい仕事」として意味づける一

方で、それを諦めて新卒ではない立場で民間企業での就職先を探すことは、スケールの「小さい」仕事に就くことではあるが、仕事の規模については「仕方ない」と「妥協」したのだという。彼はその代わりに、「英語ぐらいしか武器になるものがない」と語るように、英語の語学力が必要とされる仕事に就くことにこだわりを持って、就業先を求めていることがうかがえる。

Bさんによれば、英語を使う仕事は「貿易事務」か「通訳・翻訳」に限られ、「貿易事務」は「女性が求められ」ることが多く、「通訳・翻訳」の仕事は「帰国子女なみの英語力じゃないとだめ」だと語る。つまり彼は、英語力が求められる仕事は需要が多くもなければ、自らの属性に適しているわけでもないと認識している。にもかかわらず、そうした能力が必要とされる仕事に重点をおいて就業先を求めているのである。実際にBさんは、英語力が必要とされる仕事に就くことに重点をおいて求職活動を行い、外資企業の海運会社に事務職の正規雇用者として採用され、二〇〇六年四月から働き始めた。しかしながら、彼は数か月で退職して再び求職活動を始め、海外に工場を持つ企業の営業職として就職する。その際にも、英語力が必要な仕事に重点をおいて求職活動を行ったが、その就職先も数か月で退職した。

2―2―2　自分が就ける仕事に満足できない

Bさんは求職活動をして得た就職先を、なぜ次々と数か月で辞めてしまったのか。ここでは、彼が一つめの就業先を辞めた理由についてみていきたい。

Ｂ：〔会社には〕頭のおかしい人が三名ほどいた。〔直属の〕上司が三〇代前半くらいの女の人だったんだけど、ヒステリックだった。〔中略〕〔Ｂさんの〕教育係がいたんだけど、教えるつもりなんかなくて、残業代が一応出るから〔遅くまで〕居残ってて。〔中略〕教育係について ある同僚の人に「あの人使えないいんですけど」みたいなことを言ったら、上のマネージャーたちに伝えたらしくて。そしたら、マネージャーが教育係を怒り出して、教育係は〔Ｂさんに〕逆恨みをするような感じで〔Ｂさんと教育係の人との関係性は急激に悪化した〕。〔中略〕あと体調が結構悪かったんで。じんましんとかアトピーとかがすごかったからね。

Ｂさんは就業先を辞めた理由について、職場の人間関係が良好ではなかったことを挙げ、「頭のおかしい人が三名ほどいた」と語る。彼が挙げた職場の「頭のおかしい人」たちとは、「ヒステリック」な三〇代の女性上司、残業代をもらうために長時間居残るＢさんの教育係、Ｂさんが教育係について「あの人使えない」と言ったのを上司に伝えた同僚である。彼は就業先を辞めた理由としてさらに、ストレスで「じんましんとかアトピーとかがすごかった」と体調不良に陥ったことを付け加えている。彼のこうした語りからは、彼にとって離職に至るほどの決定打となるような理由があったというよりも、あくまでも漠然とした不満を抱いて離職したことがうかがえた。

その後もBさんは、二つめの就業先でも「人間関係がうまくいかない」と言って数か月で退職したほか、大手企業の事務職の派遣労働者として就業した際にも、彼の話しぶりなどから、仕事に満足していない様子がうかがえた。これらのことから、Bさんは実際に自分が就いた仕事に満足することができないために、就業を継続することができないのだとみることができよう。

2―2―3　交友関係における疎外感

Bさんは民間企業の就職先を探し始めた頃から、ジョブカフェのチャットと呼ばれるイベントに頻繁に参加していた。そして彼は、出身大学の友人たちとはかかわりのないジョブカフェを介した集まりにおいて、大学時代の経験や、出身大学の友人たちとの関係性について「仲いい」「親しい」と語ったりすることも頻繁にあった。そうした彼の振る舞いからは、彼が大学時代の友人関係を重要視しており、今後もそうした関係性を維持していきたいと考えていることがうかがえた。

他方で、彼はジョブカフェのイベントを介した集まりにおいて、「大学時代の友人には〈求職活動に関わる」自分の抱えている悩みごとを話しづらい」からこそ、「ここに来て話したい」と語っていた。つまりBさんは、「親しい」関係にあると語り、関係性を継続していきたいと思う出身大学の友人たちには、自らの就職に関する悩みごとを率直に話すことができないでいるものと考えられる。それは、彼が就業に関して抱える悩みごとが、出身大学の友人たちのおかれている状況とはかけ離れていると、彼自身が捉えているためだと推察される。

既に述べたように、「親しい」と語る大学時代の友人たちには、求職活動などに関する自らの悩みについてさらけ出すことができないBさんが、自らの悩みごとをその場で「話したい」と語ったのは、ジョブカフェを介した集まりであった。さらに言えば、Bさんが家賃の支払いに困った際に半年間居候をさせてくれるよう頼んだのも、ジョブカフェのイベントで知り合ったCさんだった。Bさんは、首都圏近郊の出身で求職活動のために都内のワンルームマンションで一人暮らしをしていたCさんに、居候させてくれるよう頼み、半年近くのあいだ、同じ部屋で暮らすことになったようである。しかしながら、BさんとCさんは、ジョブカフェを介した集まりにおいて顔をあわせる仲ではあったものの、個人的に親しいとか話が合うといった様子はみられなかった。またBさんは、自身もジョブカフェを介した集まりの継続的な参加者であるにもかかわらず、Cさんを含めそうした集まりの他の参加者たちについて、「あの人たち」は集まって「うだうだ」「だべってるだけ」だと語っている。このようにBさんは、ジョブカフェを介した非正規雇用や無職の若者たちの集まりにおいて、自分自身をそこにいる他の参加者たちとは「異なる」存在として意味づけている。そして、Cさんとは親しいとか話が合うといった関係ではないにもかかわらず、居候をさせてくれるよう頼んだのである。

つまりBさんは、出身大学の友人関係においても、ジョブカフェを介した交友関係においても、彼が親しいととらえ、かつ自身が抱える悩みごとを相談できる関係性を持ち得ていないことがうかがえる。

2―2―4　学歴による自己肯定感の確保

Bさんは、ジョブカフェを介した集まりの継続的な参加者である筆者と二人だけの場面において、「高卒とかの人ってさあ、大学行かないと就職に困るとかって考えなかったのかな。将来に対する考えがなさすぎると思うよ」と話した。つまり、ジョブカフェを介した集まりにおいて、高卒者やそれほど難易度の高くない大卒者などのメンバーたちを、学歴にもとづいて低く評価することによって、大卒者のなかでも偏差値の高い有名大学の出身者であるBさんは、自己肯定感を確保していたのである。

また、Bさんがこのように学歴にもとづいて他者を評価することで自己肯定感を確保しようとする行為は、最初の就職先においてもみられた。Bさんが社内で「いい人」と評価していたのは、仕事の手助けをしてくれ、会社を辞めるときに社長に話を通してくれたことに加え、「東大法学部」の出身であることを特徴として挙げていた女性であった。同様に仕事の手助けをしてくれ、会社を辞めるときに社長に話を通してくれた六〇代の男性についても、前職で船会社の支店長をやっていた人で、「そこまで出世した人って、人間的にいいのかな」と述べており、男性の経歴を「いい人」という評価の根拠として意味づけている。

それでは、Bさんはなぜ学歴（もしくは経歴）にもとづいて他者を評価しようとするのだろうか。正規雇用の仕事に就いても数か月で辞めてしまう状況を繰り返していた彼は、親しい関係にあると認識し、自らが抱える悩みを相談できる交友関係をみいだしにくい状況におかれていた。そうしたなかで、彼は自らが有名大学の出身者であると確認することで、ようやく自己肯定感を得ることができていたからではないだろうか。

2―3　差異化やアイデンティファイに不可欠なイタリア語／有名大学の出身であること

これまで第二節では、就職氷河期世代の若者たちのなかで、学校を卒業後も非正規雇用や無職の状態にある若年男性たちが、社会問題の主な対象として扱われるなかで、自らが社会問題の当事者であることを意識することで劣等感を抱えつつも、そうしたなかで自らをどのように防衛しようとしていたのかについてみてきた。

Aさんにとってイタリア語は、自分自身を意味づけるために不可欠な存在であったと言える。それゆえにAさんは、自らのイタリア語の語学力が仕事に就けるか否かといった物差しで捉えられ、イタリア語の勉強を続ける自分自身が否定されてしまうことを強く恐れていたのである。また、Bさんにとって「有名大学の出身者」として自己を意味づけるのは、ジョブカフェの他の参加者たち、ひいては非正規雇用や無職の若者たちと自分自身とを差異化するためにも、自分自身を意味づけるためにも不可欠なことであった。それゆえにBさんは、仕事を選択する際に決して自らにとって有利な条件ではないにもかかわらず、「仕事のスケールの大きさ」や「英語力が必要な仕事」にこだわらざるを得なかったのである。言い換えれば、AさんもBさんも、自らが社会問題の主な対象として扱われるなかで、自分自身の意味づけにおいて正規雇用ではない人たちと自らを差異化し、自分自身が何者であるかを意味づけるために、「イタリア語」、「有名大学の出身者」にこだわり続けることがそれぞれ必要不可欠だったのである。

3　氷河期世代の非正規雇用や無職の若者たちが抱えた生きにくさ

就職氷河期世代の若者たちのなかで、働いていても正規雇用ではない、もしくは仕事に就いていない若者たちは、「目的意識や職業能力の低い」存在として扱われながら、どのような生きにくさを抱えていたのだろうか。ここでは、若者の就業支援の場として設置されたジョブカフェを介して、氷河期世代の非正規雇用や無職の若者たちによって自発的に形成された集まりがどのような集まりであるのかについて明らかにすることで、彼らが抱えていた生きにくさとはどのようなものであるのかに迫りたい。

３―１　ジョブカフェを介した自発的な集まり

ここで対象とするジョブカフェは、二〇〇五年から二〇〇八年まで東京都区内の主要なターミナル駅から徒歩五分ほどの場所に設置されていた施設であり、一日に一〇〇人程度の若者が利用していた。この施設は平日の午前中から午後五時まで開館し、利用者の半数以上が男性で、長期間通い続ける利用者のほとんどは男性であった。これは、「男は仕事」といった「男性稼ぎ手モデル」や、「フリーター」の定義に「主婦は除く」とされていたことなどから、当時が今以上に働くことに対する社会的な圧力が男性により強く働いていたためだと考えられよう。

また、ここで事例として扱う集まりは、ジョブカフェに集まる若者たちが求職活動を行うなかで自らが抱える悩みについて話し合う「チャット」と呼ばれるイベントを介した集まりである。この施設で開催されている催しもののなかには、「個別相談」のように利用者個々人に対して行われるものもあれば、「イベント」と呼ばれる一度に一〇人から二〇人に対して行われるものもある。後者の場合、前者とは違って施設の利用者同士の交流がみられる。イベントのなかでも「チャット」は唯一、人数制限や事前予約が必要ないことから、長期間参加し続ける者が多く、参加者同士の交流がより盛んに行われている。

チャットは毎週水曜日の一五時から一七時に開催され、五人から一五人程度の参加者と、運営スタッフ三名が交代で一名ずつ参加する。チャットの参加者の大半は男性であり、長期間通い続けている人たちはみな男性である。たまに女性の参加者がみられるもののごく少数であり、長期間通い続けている女性はみられない。施設の約半分を占めるイベント会場において、全員で椅子を車座に配置して、ひとつの話題を共有して意見を述べ合う。チャットで話されるのは、求職活動を行うなかでの悩みや、気分転換の仕方、将来に対する考えや希望、就職先が決まった人がいるときには就職活動の経験の共有などについてである。

チャットが何度か開催されるうちに、参加者たちは終了後、毎回のように施設からごく近い場所にあるコーヒーチェーン店「ドトール」へ移動し、自発的な集まりを形成するようになった。この集まりには施設の運営スタッフは参加しないばかりか、そもそもジョブカフェのイベントでもないことから、求職活動に関する話題について話されることは全くなく、新しい参加者の特徴、最近観た映画やスポーツの話、最近読んだ漫画などについて話される。それに加えて、彼らは連絡先を交換して個別に連絡をとってチャットのない日に施設以外の場所に出かけ、そのときのことがこの集まりで話題となることも多くある。

既に述べたように、この自発的な集まりのメンバーはみな男性であり、長期間通い続けている人たちである。彼らはチャットに通っていた当時、就業していないか、非正規雇用者であるか、正社員として就職したものの短期間のうちに就業していない状態に戻っている。また、彼らは親と同居しているか、一人暮らしの場合は仕送りをもらって生活していた（ただ、親との関係は良好ではなかった）。そのため、当面のところ経済的に切迫して労働に駆り立てられている状況にあるわけではない。そして、この集まりを除いた交友関係があまりないことも、彼らに共通した特徴であると言える。他方で、彼らの年齢や居住地、★6 出身校、最終学歴、これまでの就業経験や志望職種、チャットに通い始めた時期といった属性には、共通点がみられない。

また、チャットやドトール以外の場所に頻繁に連れ立って出かける者同士は、この集まりのなかでより「親しい者同士」として認識されている。にもかかわらず、この集まりの男性たち

★6　この施設は全国にジョブカフェができる以前に先駆けて設置された施設であったことから、この集まりのメンバーのなかには、電車で一時間以上かけて通ってくる人たちも少なからずいた。

は互いを名字に「さん」付けで呼び合い、その後も呼び方が変わることはなかった。親密性という点からみれば、チャットやドトール以外の場所に連れ立って出かける者同士は、この集まりにおいては親しい関係でありながらも、この集まりを離れれば決して「友人や友だちという関係ではない」と意味づけているとみることができよう。

3—2　集まりの維持

3—2—1　特定の個人への非難を共通の話題にする

この集まりは非正規雇用や無職の若者たちの集まりであり、属性の共通点をみいだしにくいからこそ、維持するためには、あえて何か共通の話題がつくりだされる必要がある。時としてそれは、顔見知りの誰かを、その人がいないところで非難するものであることも少なくない。

チャットにおいてDさんは、自らは求職活動を精力的に行っていることをアピールするような発言をすることが少なくなく、特にチャットに参加し始めた頃はそうした様子が顕著にみられた。Aさんは参加し始めた頃のDさんについて、本人のいないところで次のように述べている。

A：ほらDさん、人が悩み的なこと言うと、何か言うじゃゃん？

N：うん、アドバイスみたいなの。
A：Dさんの言ってることって、何かちょっと人によってはきつく聞こえるじゃん。たとえばEさんに言うときもそうじゃん。結局は逃げてるでしょ、みたいな。ああいう言い方されて嫌な人って結構多いじゃん。Dさんってとにかく誰にでも言うから、Dさんが来てからはさ、誰かが悩み的なことを言う雰囲気ってないじゃん。

Dさんについては、BさんもDさんのいないところで「ぼくはみんなと考えてること同じだよ」と語り、Dさんが他のチャットの参加者に対して「あえて社会の厳しさを教えてやろう」としているのかもしれないけれど「人の痛みがわからない」からそのような発言をするのではないかと述べていた。Dさんのチャットでの振る舞いについては、AさんやBさんに限らず、他の多くのメンバーも同様の発言をしていた。ただし、メンバーたちのこうした発言は、チャットからドトールへ移動するときや、チャットのない日に個別に出かけたときなど、Dさんを除いた集まりの数人のあいだで話すにとどめている。

こうした特定のメンバーに対する非難ともとれる発言は、この集まりを形成する彼らが、互いの共通点をみいだしにくいなかで、たまたまみつかった共通の話題となっている。メンバーたちそれぞれがこの件について発言するのは、集まりにおける自らのポジションを確保するためのものだったと解釈することができる。そして、集まりにおける個々のポジションを脅かさないことこそが、この集まりを形成するそれぞれにとって暗黙の了解として規範化されていたのである。

3—2—2　本人に面と向かって非難しない

AさんやBさんがDさんを非難する発言をDさん本人のいないところで行っていたように、この集まりのメンバーたちが特定のメンバーを非難するような発言をするのは、本人がその場にいないときである。

第2節で述べたように、有名大学出身のBさんは、チャットのない日に筆者がインタビューを行った際に、「高卒の人ってさあ、大学行かないと就職に困るとかって考えなかったのかな。将来に対する考えがなさすぎると思うよ」と話した。また、AさんはBさんについて、「あの人、自称音楽好きじゃん。大学でバンドやってたとかって言うし。でも、話してみると全然詳しくないんだよね」「Bさんはフランス語ができるって言うけど、フランス語で『星の王子さま』が読めるくらいで、フランス語ができるってよく言えるなって思うよ」とBさんのいないときに筆者に話している。

このように、彼らは他のメンバーに対する非難ともとれる発言をすることが多くあるものの、その本人の前では行わないようにしている。彼らがあえてこうした配慮をし合っていることからは、非難されたメンバーが面目を失ってこの集まりから弾き出されることを目的として行っているわけではないことがうかがえる。彼らが親しい者同士の集まりではないことを考え合わせると、その場にいない他者の悪口を共有することによって、その場にいる者たちの親密性を高めていたのではないかと捉えることができよう。また、彼らは、自分たちが社会問題の主な対象として扱われるなかで、どうにかして自らの存在を他のメンバーよりも「マシ」な存在として意味づけることで、他者（社会）から完全に否定された存在として自己を位置づけること（自己否定）を避け、他のメンバーから承認を受けることによって、どうにかして自己を防衛しようとしていたのである。

３―３　親しい者同士ではない彼らが集まり続ける理由

彼らの集まりは、属性に共通点があるわけではなく、距離のある関係を築いており、集まりの他のメンバーに対する非難ともとれる発言によって凝集性を維持するとともに、自らの集まりにおけるポジションを確保している。彼らはなぜそこまでしてここに集まり続けようとするのか。

3―3―1　引け目を感じることなく接することができる相手が欲しい

第2節で述べたように、Aさんによれば、チャットに通い始めた頃のBさんは、定職に就いていない自分が抱えている悩みごとを、自分と同じ出身大学の友人たちには「話しにくい」ので、「ここ（＝チャットやドトールでの集まり）で話したい」と語っていたという。けれども、実際にBさん自身が、この集まりにおいて定職に就いていない悩みを語ったことはほとんどない。こうしたことからBさんは、定職に就いていなくても引け目を感じることなく接することのできる相手を求めてここに集まっているのだとみることができる。同じく第2節で述べたように、Bさんが就業先を短期間で辞めて家賃の支払いに困ったときに「居候させてくれないか」と頼ったのは、大学時代の友人ではなく、ジョブカフェで知り合ったEさんだった。

3―3―2　求職活動をしなければならないというプレッシャーから逃げたい

この集まりのメンバーたちの複数人がチャットのない日に連れだって出かけたときに、求職活動をめぐるDさんとEさんのやりとりがあり、それに対して他のメンバーたちは次のように対応をしている。

E：俺は三〇歳になる今年の九月までは働かない。腰が治ったらワーホリ（＝ワーキングホリデー」に行きたい。実家が借家を持っているから、とりあえず働かなくても生きていけるから、就職しようとは思ってないんだよね。

D：腰が痛いから働けないっていうのは言い訳じゃないの。短い時間だけ働ける仕事を探せばいいことだし。

E：三〇歳までは働かずにのんびりしたい。俺は今、腰のリハビリを毎日頑張っている。できればワーキングホリデーに行きたい。

D：Eさんの誘いは遊びばっか。Eさんは実家が借家を持っていてお金に余裕があるから、チャットのある日にカラオケとか飲みとかマックに行くけど、そんなに自分はお金に余裕がない。働いて買った軽自動車も手放さなければならない。この四月までに正社員の仕事に就けなければ、派遣として働くしかない状況まで追い詰められている。Fさんも来月から職業訓練校に入る。だけど、Eさんは何もしないで言い訳をしてるだけ。せっかく一緒にいるんだから、仕事探しに役立つことをしよう。企業合同説明会とか、ほかのジョブカフェに一緒に行くとか。

〔少し沈黙が続き、筆者の隣に座っていたGさんは、小さな声でボソッと筆者に「退屈じゃない？」と言った〕

〔話題が切り替わり、Eさんがトイレへ行ったことで、座る位置が入れ替わる〕

〔DさんとFさんが他のジョブカフェを訪れる予定を相談し始める〕

D：いつ行く？

〔EさんとGさんは遊びに行く約束をしている〕

Dさんと Eさんそれぞれの発言内容に明らかな矛盾がみられたとしても、その場にいる他のメンバーたちは、それを問題としてとりあげるような発言を決して口にすることはない。企業合同説明会やほかのジョブカフェへ「一緒に行こう」と提案するDさんに対して、「そんなに定職に就きたいのならば、Dさん一人で求職活動をすればいいじゃないか」といった旨の発言をする者はいなかった。同様に、ワーキングホリデーに行くから求職活動をしないと話すEさんに対しても、「それならチャットに通わなくてもいいじゃないか」と言う者もいなかった。また、ワーキングホリデーに行きたいから求職活動をしないと言うEさんと、企業合同説明会やほかのジョブカフェへ一緒に行こうと誘うDさんは、一見すると、前者は就職活動に消極的で、後者は積極的であるかのように思われる。しかしながら、このやりとりの後、Dさんは企業合同説明会やほかのジョブカフェへ「一緒に行こう」と提案することはなくなっていき、率先してこの集まりにかかわるようになった。

3—4　社会的なプレッシャーから逃れるための一時的な待避所としての集まり

チャットの参加者たちは、通う期間が長くなるにつれて、チャットで自らの抱える悩みや求職活動について話すことはなくなっていく。チャットにおいて運営スタッフはそうした発話をうながすものの、それとは全く関わりのないやりとりをしたり、誰も発話しなかったりする状態が続いた。そのうち、施設にはいるもののチャットには参加せず、終わってから集まりに合流する者もみられるようになった。このように、集まりのメンバーたちにとって、チャットは不要なものとして扱われているかのように思われた。しかしながら、このことは、集まりのメンバーたちがチャットを必要としていないことを意味するわけではなかった。

既に述べたように、チャットは毎週水曜日に開催されていたが、二〇〇七年一月から三月にかけて月に一回ずつ開催されない日があった。参加者たちが運営スタッフのひとりにたずねたところ、「今月は水曜日が五日あるから一回休み」とか、「イベントが入ったのでお休み」といった答えが返ってきたという。参加者たちはその説明に納得がいかない様子で、「何でなんだろうね」と頻繁に話題にしていた。そのうち彼らのあいだでは「チャットがなくなる」という噂がまことしやかに流れるようになる。こうした噂話は、施設を設置する行政の関係者がチャットの様子を見学に来たことにより、彼らにとってさらに現実味のあるものとして捉えられた。

実際にはこの時点でチャットがなくなるということはなく、単なる噂話でしかなかったが、彼らのあいだでチャットがなくなるのではないかと噂が流れたこと自体が、彼らがいかにチャットの存在を必要としていたのかということを示していると言える。その後、このジョブカフェは二〇〇八年三月末をもって閉館した。それ以降、Dさんの呼びかけによって、この施設近くのサイゼリヤで会食をする機会が数回あったが、施設の閉館を機に多少のメンバー同士の交流を残しつつも、自然消滅するかたちでなくなっていった。

このように、ジョブカフェに集まる若年男性たちは、正規雇用者ではない状態にある自分たちの存在が社会問題化されるなかで、「正規雇用者になる」ことを期待されながらも、その期待に応えられない状況におかれていた。彼ら自身も「正規雇用者にならなければならない」「いずれは働かなければならない」といった認識を共有しつつも、そうしたプレッシャーに晒されることのないこの集まりを、一時的な避難所として必要としていたのである。

4 個人化の進行による生きにくさの変化

「フリーター」や「ニート」が社会問題化されていた就職氷河期終盤の二〇〇三年の「非正規雇用者」の割合は三〇・四%だったのに対し、二〇二三年の「非正規雇用者」の割合は三七・一％と増加している。しかしながら、「非正規雇用者」のカテゴリーに含まれているのは、「勤め先での呼称が「パート」「アルバイト」「労働者派遣事業所の派遣社員」「契約社員」「嘱託」「その他」である者」に限られている。そのため「正規雇用者以外の働き方」が非正規雇用となるわけではない。

現在は非正規雇用者として働くことが問題視されていた就職氷河期とは異なり、自営業主のうち従業員を雇っていない人たちや「フリーランス」と呼ばれる人たちといった、雇用されない働き方も拡大している［内閣府、二〇二二］。内閣府［二〇二二］によれば、フリーランスの人数は四六二万人程度（うち本業が二一四万人程度、副業が二四八万人程度）と試算されている。

このように、近年は正規雇用以外の働き方として、「パート」「アルバイト」「労働者派遣事業所の派遣社員」「契約社員」「嘱託」といった「非正規雇用」だけでなく、フリーランスや個人事業者など雇用されない働き方も拡大しており、正規雇用者であっても副業を行うことも珍しくなく、複数の仕事を掛け持つ人たちも多くなっているのである。

そして、「正規雇用の働き方の方が非正規雇用よりも条件はよい」という常識的な考えは、徐々に崩れてきている。たとえば、多くの大学生がアルバイトとして就いている特定の業種について、「バイトとしてはよいけれども、正社員では絶対したくない」という語りを聞くことが多くなってきた。むしろ「正規雇用の方が非正規雇用よりよい」などと言うのは、現実を知らない、時代錯誤の戯言になりつつあると言えるかもしれない。正規雇用であっても、「どの組織で」「どんな職種（資格）で」「どういった雇用条件で」働いているかによって、「非正規よりもよい（マシ）か否か」は異なっているのである。

近年、「多様な働き方」という言葉にみられるように、働き方は正規／非正規を問わず「個人の選択の自由」によるものとしてとらえられる傾向にある。これは、非正規雇用者として働く若者たちが社会問題として捉えられていた就職氷河期とは対照的である。今やどんな働き方も、個人の選択の結果であり、個人が負うべき責任として捉えられやすい。このように、個人の選択の結果であり、個人が負うべき責任として捉えられる傾向にある社会のことを、個人化社会と言う。

個人化社会という観点からみれば、中学校や高校において行われている「職場体験」や、大学で行われている「キャリア教育」は、個人による自由な選択で就いた仕事に対する責任を個人に帰するために実施されている。たとえ在学中から目的意識や目標をもっていたとしても、就業において目的や目標が達成されなければ、「努力が足らなかった」「能力がなかった」「身の程知らず」といったように、個人の責任とされていくのである。

本章でみてきた若者たちは、正規雇用者ではない状態にある自分たちの存在が社会問題化されることで、「正規雇用者になることを期待される」といったプレッシャーに晒されていた。

それに比べると、近年の大学生たちはそうした期待に晒されることはないかもしれない。正規雇用者として企業などに就職することは、近年の大学生は選り好みしなければ難しいことではないのだから……。

ただ、ネガティブな見方をすれば、正規雇用に就いたからといって安定した将来が約束されているわけではないし、その仕事を長期間続けられるという保証もない。それゆえに、正社員であるにもかかわらず、アルバイトやパートなどの非正規雇用者と労働条件や待遇が変わらない労働者や、それ以下の労働環境を強いられている人たちは「名ばかり正社員」などと呼ばれているのである。さらに、以前から日本の経済界から国に対して要請されている「正規雇用者を簡単に解雇できるルールの立法」が実施されれば、正規雇用者のうち長期間雇用が継続される人たちはさらに少なくなっていくだろう。このようにして考えていくと、正規雇用であっても安定した将来が約束されるわけでない。

それでも、多くの人たちが「卒業したら企業などに正社員として就職する／したい」のが「当たり前」という考えにすがりついているのは、「働き方の多様化」というスローガンに惑わされ、就職や転職に失敗して劣悪な労働条件に苦しんでいる人たちを自己責任としてとらえる個人化社会のイデオロギーに囚われてしまっているからである。

筆者は、個人化社会のイデオロギーを相対化するために、正規雇用から非正規雇用などに変わった人たちや、あえて正規雇用に背を向けてフリーランスや個人事業者などを選択した人たち、可能な限り働くことを避けて生きようとする人たちに焦点を当てて、個人化社会における新しい生の有り様を描き出すことを今後の課題としていきたいと考えている。

参考文献

Berger, Peter L. and Thomas Luckman, 1966, *The Social Construction of Reality: Treatise in the Sociology of Knowledge*. Doubleday and Company.（＝二〇〇三、山口節郎訳『現実の社会的構成――知識社会学論考』新曜社）

厚生労働省ホームページ、『新規学校卒業就職者の在職期間別離職状況』（https://www.mhlw.go.jp/content/11800000/001318985.pdf）

「就職氷河期世代」『日経キーワード二〇二四―二〇二五』Japan Knowledge Lib（https://japanknowledge.com/lib/display/?lid=50040p-018#key-236）

労働省、一九九一『平成三年版労働白書――女子労働者、若年労働者の現状と課題』日本労働研究機構

内閣府編、二〇〇三『平成一五年版国民生活白書――デフレと生活――若年フリーターの現在』ぎょうせい

内閣府、二〇二二『日本経済二〇二一―二〇二二――成長と分配の好循環実現に向けて』（https://www5.cao.go.jp/keizai3/2021/0207nk/keizai2021-2022pdf.html）二〇二四年一一月一日取得

玄田有史・曲沼美恵、二〇〇四『ニート――フリーターでもなく失業者でもなく Not in Education, Employment, or Training』幻冬舎

仁井田典子、二〇一〇「「フリーター」／「ニート」を生きる――若年者就業支援施設Zに通うAさんを

事例として」『社会学論考』三一号、八三―一一二頁
――、二〇一三「若年不安定就労者の抱える困難――有名大学出身のある男性を事例として」『社会学論考』三四号、二一―三九頁
――、二〇一三「若年不安定就労者の関係形成――ある若者就業支援施設を介した自発的な集まりの事例から」『ソシオロゴス』三七号、九〇―一〇一頁
若者自立・挑戦戦略会議、二〇〇三『若者自立・挑戦プラン』(https://www.mext.go.jp/component/a_menu/education/detail/__icsFiles/afieldfile/2015/04/03/1234098_001.pdf) 二〇二四年一一月一日取得
――、二〇〇四『若者の自立・挑戦のためのアクションプラン』(https://www.mext.go.jp/a_menu/shotou/career/05010502/021.htm) 二〇二四年一一月一日取得
『平成三〇年度学校基本調査結果の概要』(https://www.mext.go.jp/b_menu/toukei/chousa01/kihon/kekka/k_detail/1407849.htm) 二〇二四年一一月一日取得
『令和五年度学校基本調査結果の概要』(https://www.mext.go.jp/b_menu/toukei/chousa01/kihon/kekka/k_detail/2023.htm) 二〇二四年一一月一日取得

第3章 教育格差について考える

伊藤泰郎

1　階層と教育達成

社会における不平等は、社会学が取り組む主要なテーマのひとつである。社会学の中でも、主として社会階層論や教育社会学といった分野で研究されてきた。この章では、生まれ持った属性や育った環境により、学歴の獲得がどのように異なるのかということについて、統計や量的調査の結果などから考える。

不平等を分析する際の視点をまとめたものとして、図1のOEDトライアングルがある。出身階層（origin）・教育達成（education）・到達階層（destination）という三つの要素の因果関係を示したものであり、「階層」とはひとまず社会的な序列のことだと考えてほしい。後述する社会的資源をどれぐらい持っているかによって、この序列のどこに位置しているかを判断する。出身階層は本人の家族が所属している階層であるが、分析で実際に扱われるのは親の世代の階層である。したがって、親の世代の格差が子どもの世代にどれぐらい引き継がれているかがこのモデル全体では分析される。また、出身階層による到達階層への直接の影響（図1のCの経路）だけでなく、教育達成を経由した間接的な影響（図1のAとBの経路）が分析される点も重要である。分析では、教育が不平等の解消をもたらしているかが問われることになる。この章で扱うのはその前半部分のAの経路である。

学歴とは最後に卒業した学校の段階を指す。この本を手に取る人の多くは大学生だと思うので、読者の多くが教育達成の結果が出る途上にいると言える。そうであれば、出身階層による有利不利をいままさに実感しているところだと言えそうだが、それを同年代の人々全体の中でどこに位置づけることができるかを考えるのはなかなか難しい。周囲と経済状況を比べようとしても、現代の日本で問題とされるのは「相対的貧困」であり、多くの場合、一見しただけでは不利な状況にあるとは分からない。また、有利不利は経済的なことに限らない。この章では出身地域と性別を扱うが、親による進学の期待や自分の周囲に大卒者がいるかどうかといったことなども、教育達成に影響を及ぼす要因として

図1　OEDトライアングル

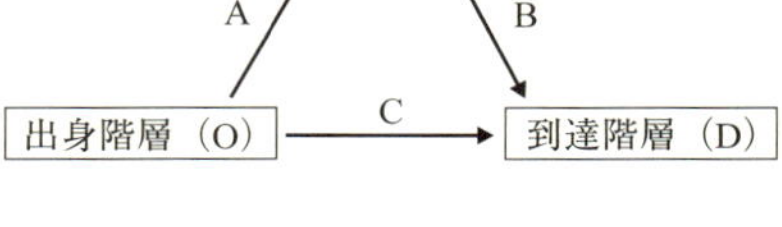

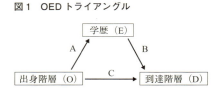

考える必要がある。

そもそも、自分が置かれた状況を一歩引いて見ること自体が簡単なことではない。しかし、そういう場合にこそ、統計や量的調査の結果といった分析対象を広い視野からとらえる方法が有効なはずである。様々なデータを取り上げながら、以下では学歴の獲得をめぐる不平等について考えていきたい。

2　格差をとらえる

2―1　二つの不平等

社会の不平等について考えるにあたって、まず不平等には二種類あることをおさえておく必要がある。一つは「機会の不平等」であり、社会的資源を得るための機会が不平等に配分されている状況を指す。社会的資源とは、簡単に言えば社会において目標を達成するために必要なもののことである。具体的には、所得や資産、学歴、職業、権力、知識、情報などが挙げられる。最近ではこれらに加えて人間関係を取り上げることもある。もう一つは、「結果の不平等」である。様々な活動の結果として得られた社会的資源が不平等に配分されている状況を指す。機会の不平等がスタート地点に注目するのに対して、結果の不平等はゴール地点に注目する。社会学の主要な関心は機会の不平等を是正することにあった。

「属性主義」と「業績主義」という用語も覚えておきたい。属性主義とは生まれながらに持っていた属性によって地位が決まることであり、業績主義とは個人の選択や努力で獲得したものにより地位が決まることである。近代以前の身分制社会は属性主義の原理で動いていたが、近代になると業績主義が優越した社会になった。ただし、完全に業績主義の社会になった訳ではない。機会の不平等が依然として残っているからである。

2―2　不平等を測定する

次に、よく使われる不平等の程度を示す指標を二つ紹介したい。

ジニ係数は、イタリアの経済学者コッラド・ジニが考案したもので、所得の不平等を表す指標として広く用いられている。ジニ係数が高い値になるほど、格差が大きいことを表す。ひとりの人に全ての富が集中する最も不平等な状態であれば1、完全な平等が実現されていれば0の値をとる。日本では、所得再分配調査や全国家計構造調査などで得られたデータから計算されるが、調査によってジニ係数が異なることには注意が必要である。また、同じ調査でもどの値を用いるかによってジニ係数は異なる。「当初所得」から税や社会保障によって再分配がなされた後の所得が「再分配所得」であるが、二〇二一年の所得再分配調査によれば、当初所得のジニ係数が〇・五七〇〇、再分配所得が〇・三八一三であった。再分配によってジニ係数は三三・一％改善されたが、そのうち税による改善度が四・七％、社会保障による改善度が二九・八％であった〔厚生労働省政策統括官（総合政策担当）、二〇二三〕。ＯＥＣＤがまとめた各国のジニ係数を見ると、日本は加盟国の中では高い方に入る。★1

相対的貧困率もよく使われる。等価可処分所得の中央値の半分を貧困線とし、それ以下の人の比率を求めた指標である。等価可処分所得とは、所得から税金・社会保険料などを引いた可処分所得を世帯人員で調整した値である。★2 図２は二〇二二年の国民生活基礎調査の結果をグラフにしたものである。この調査では、前年の二〇二一年の所得を質問している。平均

★１　「OECD Data Explorer」（https://data-explorer.oecd.org/）を使えば、各国の統計を調べることができる。また、ＯＥＣＤの「data」の各ページでは主要な指標をグラフに加工することができるようになっており、ＯＥＣＤが提供するホームページである「Compare your country（あなたの国を比較する）」（https://www.compareyourcountry.org/）に各ページへのリンクがまとめられている。日本語版のリンクもある。ちなみに、「Income inequality」（所得不平等）のページにはジニ係数などが、「Poverty rate」（貧困率）のページには相対的貧困率が掲載されている。試してみてほしい。

所得金額は五四五万七〇〇〇円であり、平均所得金額以下の世帯の割合は六一・六%であった。この図からも分かるように、所得の分布は低い方に大きく偏っているため、分布を代表する値として平均値は適していない。そのため中央値を使って貧困線を計算するのである。図2に示された中央値四二三万円は世帯人員で調整する前の値である。調整後の貧困線は一二七万円、相対的貧困率は一五・四%であった。相対的貧困率についても、OECD加盟国の中で日本は高い方である。

子どもの貧困はどのような状況

図2　所得別の世帯数の分布（2021年）

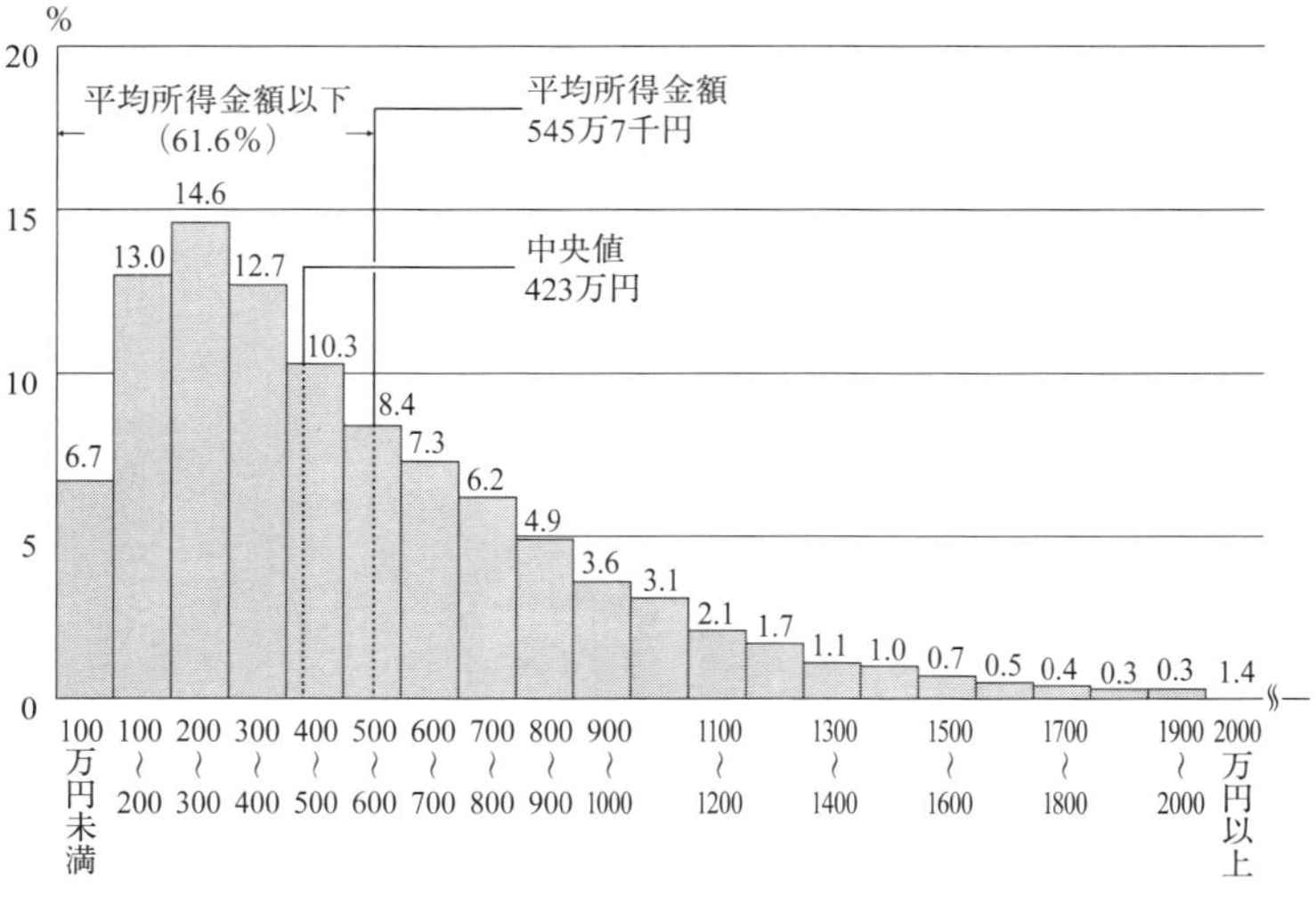

厚生労働省（2023）より

であろうか。分母を子ども全体とする「子どもの貧困率」（一七歳以下）は一一・五％、分母を世帯主が一八歳以上六五歳未満の世帯とする「子どもがいる現役世帯」の貧困率は一〇・六％であった。注目すべきは「子どもがいる現役世帯」のうち「大人が一人」の世帯である。これに含まれるのは母子家庭や父子家庭などであるが、四四・五％と非常に高い値を示している。

図3は相対的貧困率の推移である。二〇一八年の値が二つありグラフが切れているのは、この年に相対的貧困率の計算方法を国際基準に合わせて変更したためであり、新旧両方の計算方法による値が示してある。相対的貧困率と「子どもの貧困率」は緩やかに上昇していたが、二〇一〇年代前半から下降する傾向にある。また、「子どもがいる現役世帯」のうち「大人が一人」の世帯の貧困率は、一九九七年が最も高く六三・一％と二〇二一年と比べてもかなり高い値を示していた。しかし、現状がよくなっていると単純には言えない。例えば、厚生労働省［二〇二三］は、二〇一八年と二〇二一年の値を比較して値が低下した理由を探っている。それによれば、「子どもがいる現役世帯」のうち「大人が一人」については、貧困線に近い層の割

★2　可処分所得を世帯人員ではなく世帯人員の平方根で割って計算している。家賃や家電製品など、世帯の構成員が共有しているものがあるため、単純に世帯人員の倍数分だけ生活費がかかる訳ではないからである。

合が低下したことで相対的貧困率が低下したが、それよりさらに所得が低い層の割合は増加しており、最も困難な層の状況は改善されていないと言えるからである。

3　高等教育機関への進学率

3—1　進学率の推移

教育格差について考えるにあたって学歴に関する基礎的な統計をおさえておきたい。図4は高等教育機関への進学率である。データは学校基本調査を用いた。一八歳人口もあわせて示した。二〇二四年の進学率は、大学が五九・一％、短大が三・一％、専門学校が二四・〇％であり、高等専門学校の四年次へ

図3　相対的貧困率の推移（％）

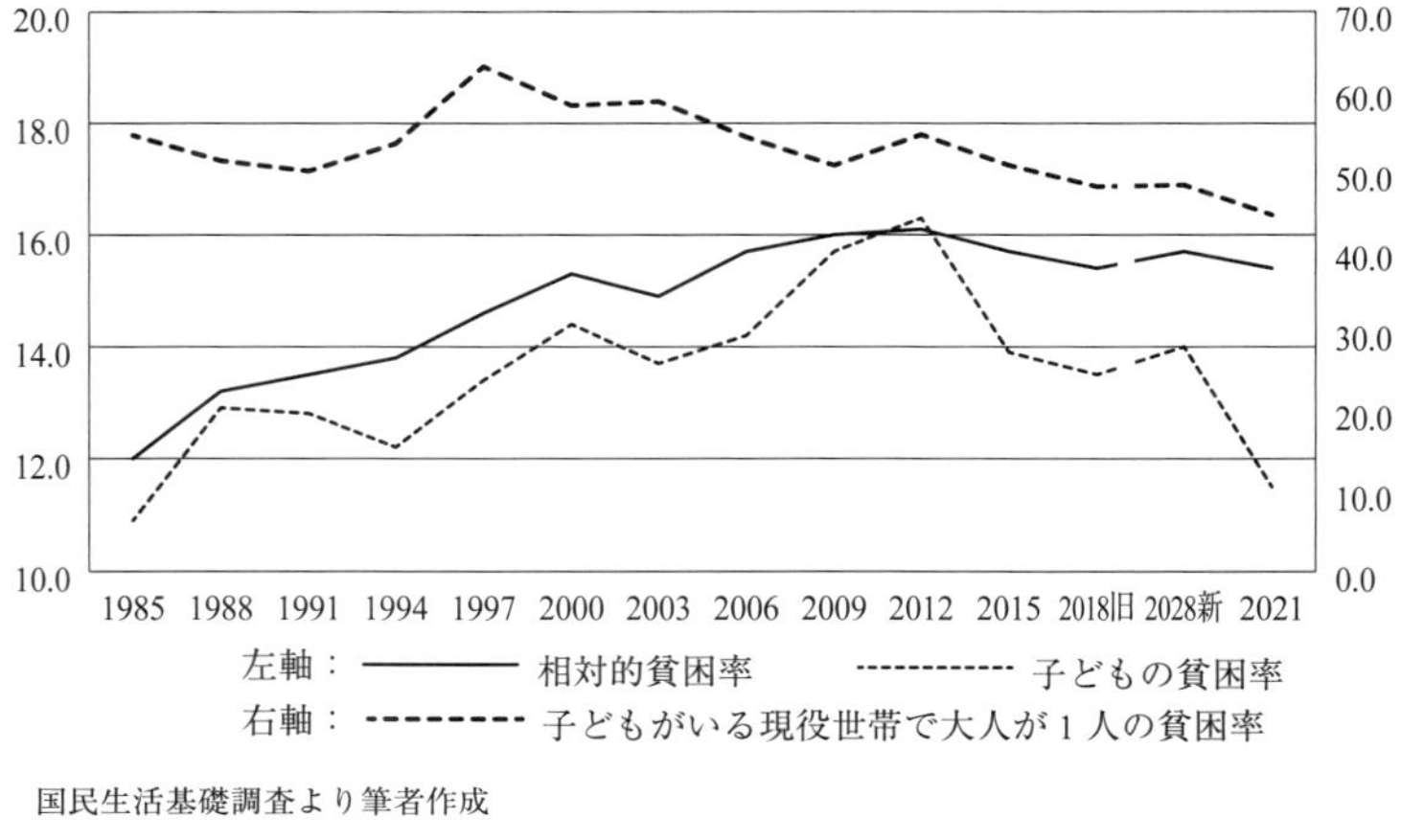

国民生活基礎調査より筆者作成

の進学なども含めた高等教育機関への進学率は八七・三％であった。[★3] 短大を除けば、いずれも過去最高の値である。

図４に示した最も古いデータは一九五五年である。この年の大学進学率は七・九％、高等教育機関への進学率は一〇・一％であった。二〇二〇年代半ばに大学などに在籍している一般的な学生を基準として考えると、この年に一八歳であったのは、祖父母もしくはそれより少し上の世代になるのではないだろうか。かつて高等教育機関への進学はエリートだけのものであった。大学進学率の上昇は一九六〇年頃から始まり、一九七五年頃まで続く。ここから大学進学率は一五年ほどの停滞期に入る。急激に拡大する大学・短大の規模の抑制と教育の質の向上を目的に、大都市圏の大学に対して厳しい定員抑制策がとられたためである。一九七六年には専修学校の制度ができ、専門学校（専門課程を持つ専修学校）は高校段階を終えた後の新たな進学先となった。専門学校ができたことで高等教育機関への進学率は一〇％余り上昇したが、それ以降は一九八〇年代の終わりまで横ばいが続く。

大学進学率が再び上昇に転じたのは、一九九〇年代初めであった。いわゆる団塊ジュニア世代が一八歳を迎える時期であり、一九九二年に一八歳人口はピークを迎える。この時期に始ま

★3　このデータの進学者には浪人生などの「過年度高卒者」を含む。

る進学率の上昇は、天野郁夫によれば以下のような経緯によるものである［天野、二〇〇三、四一―四四頁］。人口の急増による進学競争の激化に備え、文部省（当時）は八〇年代半ばにそれまでの抑制策を放棄し、進学率の維持に必要な範囲で量的拡大を容認する方向に転じた。しかし、私立大学の臨時定員の増加は文部省の予想をはるかに上回り、進学率の維持を超え上昇がもたらされることになった。増加した臨時定員を一八歳人口のピークを過ぎた後に急減させることは難しく、人口が減少局面に入るとともに進学率は急激に上昇していったのである。[★4]

図4を見ると、大学進学率が一時的に上昇した時があることも分かる。

図4　18歳人口と高等教育機関の進学率

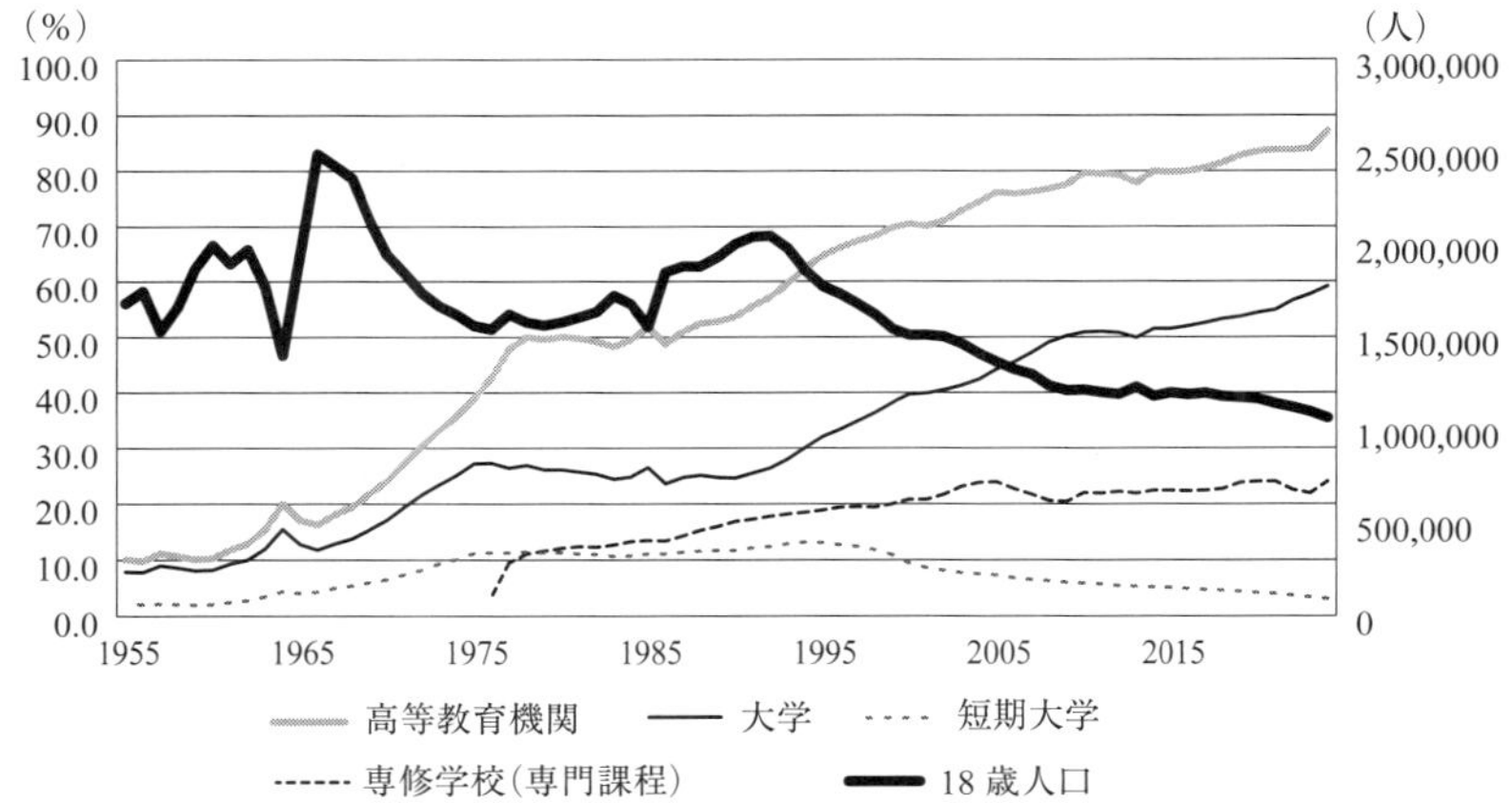

学校基本調査より筆者作成。18歳人口は人、それ以外は%。

一九六四年をピークとした上昇とその後の低下は、第二次大戦が影響している。一九六四年は敗戦の一九四五年に生まれた人が一八歳を迎える年であり、この年を中心に一八歳人口が少ない。また、一九八五年に一八歳を迎えたのは丙午の一九六六年に生まれた人である。このように人口の急激な増減は大学進学率に影響を与えるが、一九八九年から一九九二年の三年間は、大学入学者が約六五万人の大幅な増加であったにもかかわらず、大学進学率はあまり変化がない。それだけの人数を吸収するだけの大規模な定員の増加があったためである。

図5は設置者別の大学在籍者数である。二〇二四年の在籍者に占める割合は、国立大学が二〇・五%、公立大学が五・七%、私立大学が七三・八%であった。日本は私立大学の在籍者が多いことが特徴である。大学進学率の上昇は私立大学によって支えられてきた。在籍者に占める割合が高いことに加え、大学進学率が上昇した第一の時期である一九六〇年から一九七五年にかけて、私立大学が占める割合は六四・四%から七六・四%へと一〇%以上増加したのである。

★4　その後、中央教育審議会による二〇〇二年の答申「大学の質の保証に係る新たなシステムの構築について」を踏まえ、大学の設置や定員増の抑制方針が基本的に撤廃された［小室、二〇一二、八一―八二頁］。

3―2　進学率の発展段階論

M・トロウは大学進学率を三つの時期に分けている。一五％までがエリート期、一五％を超えて五〇％に至るまでがマス期、そして五〇％を超えたユニバーサル期である［トロウ、一九七六、六三―六四頁］。日本が一五％を超えたのは最初の拡大期が始まってすぐの一九六四年であり、五〇％を超えたのは再拡大が進んで二〇年近くが経過した二〇〇九年であった。高等教育の研究でよく言及されるトロウの発展段階論であるが、大学進学率が新たな段階に入ると、高等教育の目的や制度などが変化するだけでなく、人々の進学機会への見方が変化すると述べている。「進学の機会が極度に制限されている段階では、それは社会的出自や才能、あるいはその双方にも

図５　設置者別の在学在籍者数

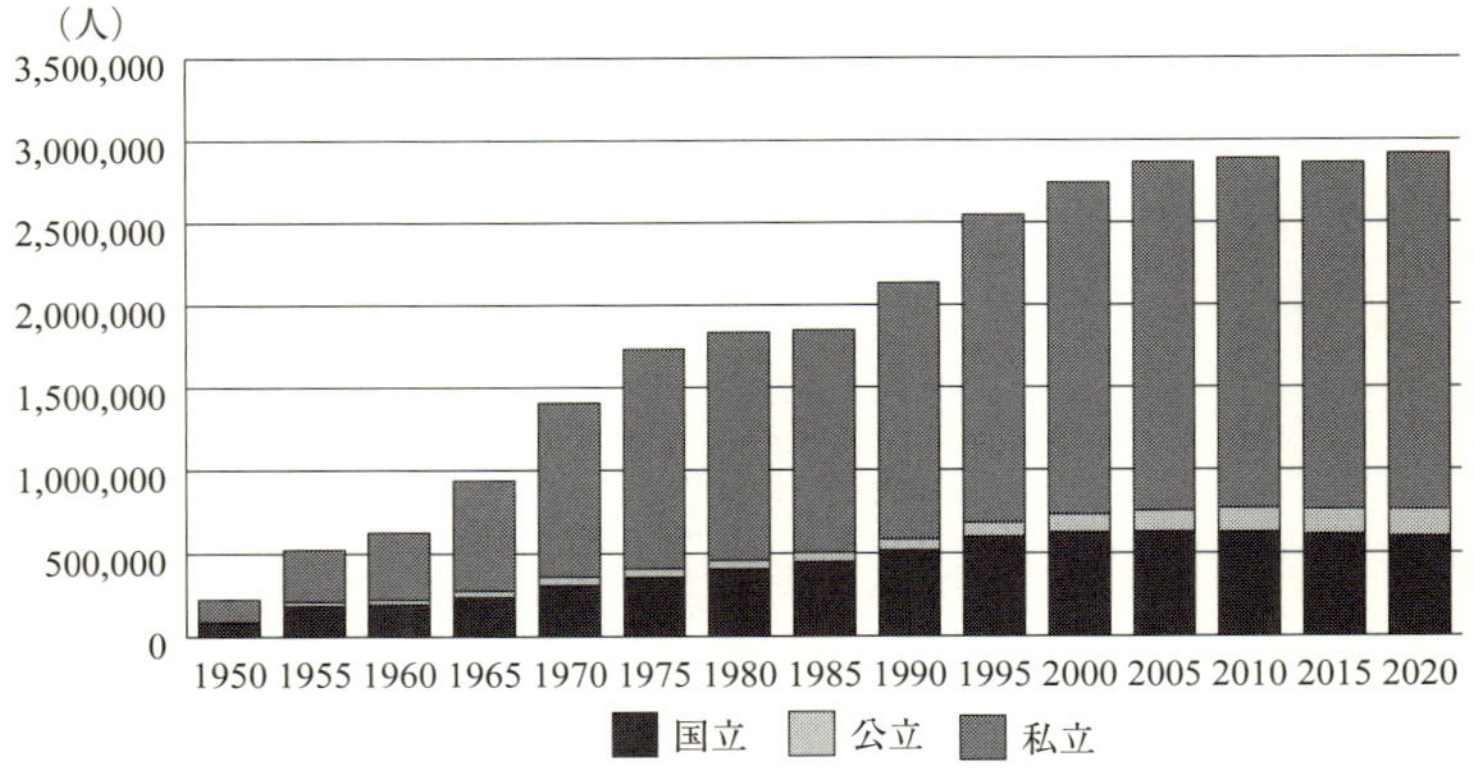

学校基本調査より筆者作成

とづいた特権とみなされる。しかし進学率が一五%をこすようになると、人々は進学を一定の資格をそなえたものに許された権利であると考えるようになる。さらに進学率が五〇%に近づけば、当然のことだが社会の一部の階層では進学率が五〇%よりもさらに高くなり、進学は一種の義務であるとみなされるようになる」〔トロウ、一九七六、六四頁〕。

4　出身家庭による格差

4―1　家庭の経済状況と高校卒業後の進路

高等教育の拡大によって、日本ではより多くの者に進学の機会が開かれるようになった。経済成長によって豊かな社会になり、進学に必要な費用を負担できる家庭が増えていったことも、進学率が上昇した要因である。しかし、家庭の経済状況による格差は依然として存在しており、そのことを明確に示したのが、東京大学の大学経営・政策研究センターが二〇〇五年から実施した「高校生の進路についての調査」であった。[★5] 対象者は二〇〇六年三月に卒業する高校生とその保護者である。

図6には両親年収別の高校卒業後の進路を示した。この図からは、家庭の経済状況によっ

て進路が異なることがはっきりと分かる。四年制大学に進学する者の比率は、年収二〇〇万円以下の場合は二八・二％であるが、年収が多くなるほどその比率は高くなり、年収が一〇〇〇〜一二〇〇万円は六二・一％、一二〇〇万円を超えると六二・八％であった。ちなみに、調査が行われた二〇〇六年の進学率は、大学が四五・五％、短大が六・八％、専門学校が二二・七％である。それに対して、「就職など」の比率は年収が低くなるほど値が高い。また、「受験浪人・未定」の比率は年収が多いほど高く、経済的な余裕がなければ浪人することが難しいということも見て取れる。

図には示さなかったが、大学を国公立と

図６　両親年収別の高校卒業後の進路

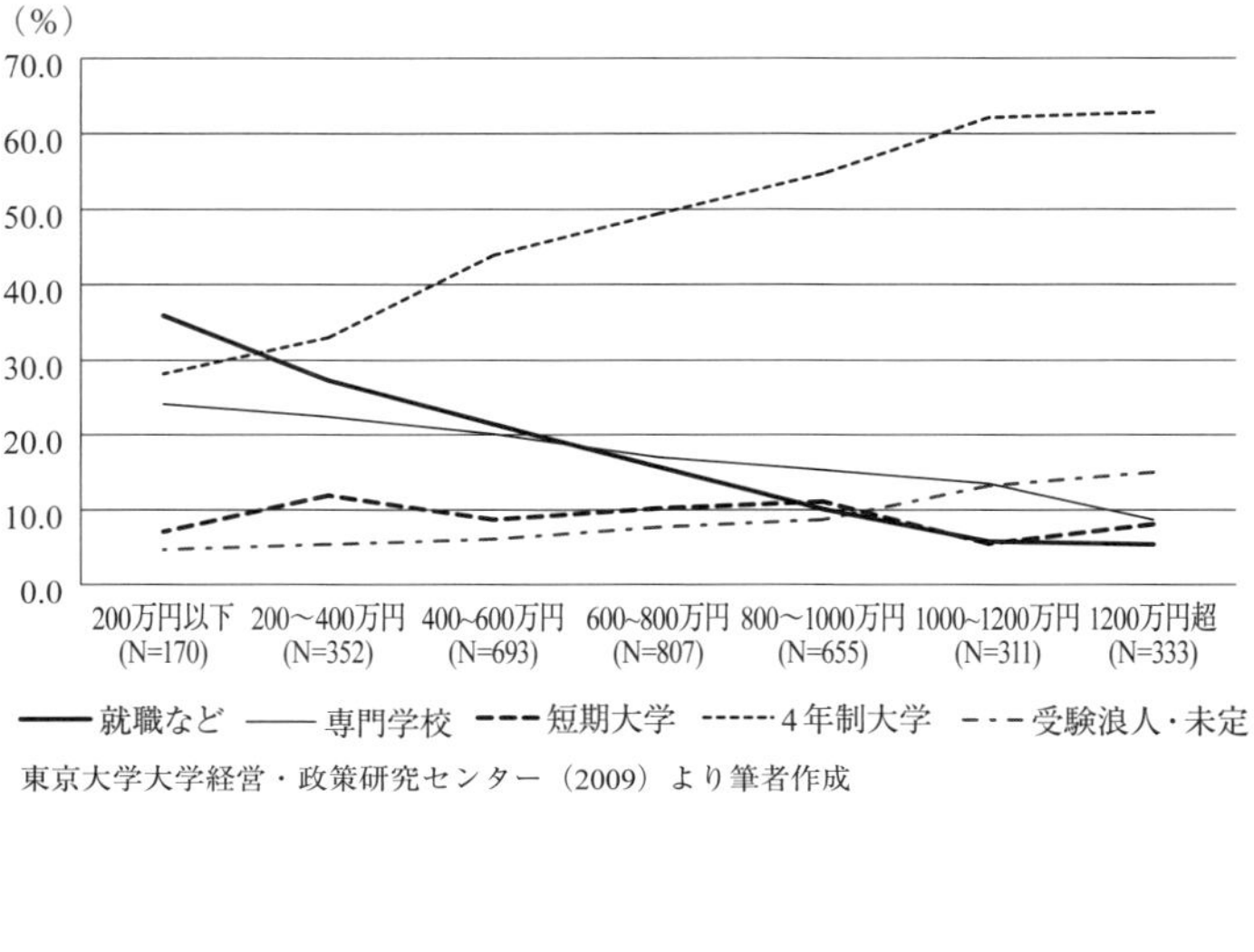

東京大学大学経営・政策研究センター（2009）より筆者作成

私立に分けた集計も公表されている。それによれば、私立大学については年収が高くなるほど進学率が高くなるが、国公立大学は年収によって進学率の違いがあまりない。これを踏まえて、同センターは、「高等教育の機会均等を果たすために国公立大学が果たしている役割が大きい」と述べている。

その後に行われた同種の調査としては、東京大学が文部科学省の委託研究の一環として実施した調査が挙げられる。二〇一六年三月に高校を卒業する子どもがいる保護者を対象に行われ、ほぼ同様の傾向の結果が得られている。ただ、国公立大学についても年収による進学率の差がいくらか見られており、分析した濱中義隆は「家計の経済力の影響がないとはいえなさそうである」と述べている［濱中、二〇一七、五七頁］。

★5　この調査は、二〇〇五年に高校三年生を対象にした第一回の調査が実施され、その後は高校卒業後五年目に至るまで全六回のパネル調査として実施された。両親の年収は、第一回の調査であわせて行われた保護者を対象とした調査で把握されている。

4―2 親の学歴の影響

本人の学歴は、家庭の経済状況だけでなく親の学歴とも関連している。学歴が高い親は収入も高い傾向にあるだけでなく、子どもにより高い教育を受けさせようとする意識が強いなど、親の学歴は様々な形で子どもの学歴に影響を及ぼしている。図7は、生まれた年代ごとに親と子の学歴の結びつきについて示したものであり、二〇二二年に実施された「階層と社会意識全国調査」（SSP調査）のデータを用いて、吉川徹が作成したものである〔吉川、二〇二四、一二二頁〕。それぞれの年代は子が生まれた年である。吉川は学歴を大きく大卒と非大卒の二つに分け（専門学校は非大卒としている）、父親が大卒以上もしくは母親が短大卒以上であれば、親の世代を大卒として扱っている。親と子のどちらも大卒であれば「大卒第二世代」、

図7　学歴の世代間関係の生年世代差

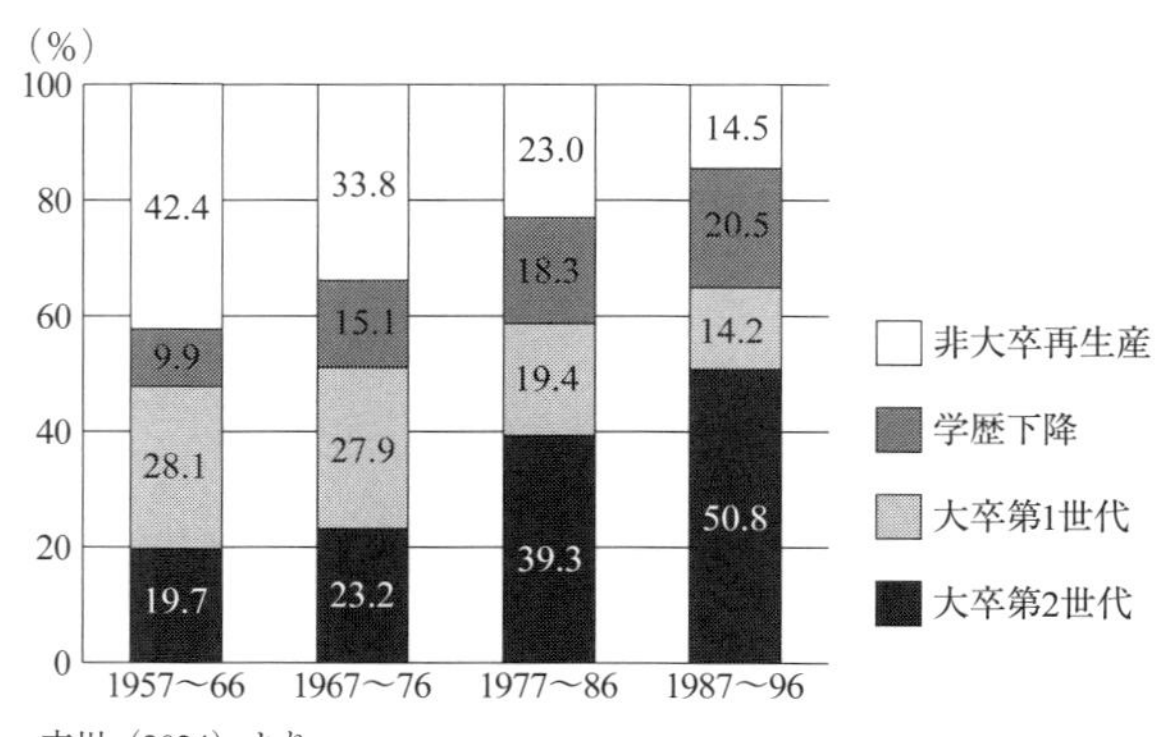

吉川（2024）より

親が非大卒で子が大卒であれば「大卒第一世代」、親が大卒で子が非大卒であれば「学歴下降」、どちらも非大卒であれば「非大卒再生産」としている。大学への進学率が上昇している時期は、大学への進学者の多くが「大卒第一世代」であったが、一九八七～九六年生まれの最も若い世代では、親と子の大学進学率があまり変わらず、「大卒第二世代」が約半数を占めている。

吉川はそれぞれの年代のオッズ比も求めている。[★6] 一九五七～六六年生まれの世代は三・〇二、一九六七～七六年生まれの世代は一・八七、一九七七～八六年生まれの世代は二・五四、一九八七～九六年生まれの世代は二・五二であった。最も若い一九八七～九六年生まれの場合、親が大卒である人は大卒でない人に比べて大学に二・五二倍進学しやすいということ

★6　ある事象が起こる確率をそれが起こらない確率で割った値をオッズという。今回の例で言えば、大学に進学した人の比率を進学しなかった人の比率で割った値である。オッズ比は二つのグループのオッズの比である。今回の例で言えば、親が大卒の人のオッズを親が大卒でない人のオッズで割った値である。一九五七～六六年生まれの世代の値を用いて計算すると、（一九・七÷九・九）÷（二八・一÷四二・四）＝三・〇〇となる。計算した値が若干異なるのは、おそらく図7の値が小数第二位でまるめられているためである。

になる。団塊ジュニアの世代（一九六七〜七六年生まれが相当する）までは平等化が進行していたが、再び不平等の度合いが増し、その後は横ばいが続いている。吉川は以下のように述べている。「戦後日本は、祖父母―父母―子という三世代にわたる教育拡大期において、不平等を完全には解消することができなかった。構造変動の契機を逃したこの先の日本社会においては、残された不平等は現状のまま推移する可能性が高いと予測される」［吉川、二〇二四、一三頁］。

4―3 「凡庸な教育格差社会」

国際的には日本の教育格差はどの程度であると言えるだろうか。松岡亮二は、日本は「凡庸な教育格差社会」であると述べている［松岡、二〇一九、二三二頁］。PISAやTIMSSといった国際的な学力調査[★7]では、日本は調査参加国の中で上位に位置しているが、社会経済的地位が学力に影響する程度はOECDの平均程度だからである。松岡［二〇一九］は、このことを示す指標として「nationally resilient students（国内の苦境を乗り越えることができる生徒）[★8]」を取り上げている。これは社会経済的地位が国内の下位二五％であっても学力が上位二五％に含まれる生徒の比率である。二〇一五年に実施されたPISAでは、OECD加盟国の平均は一一・三％であり、日本は一一・六％と平均に近い。経済格差が大きく多様な人々から構成されるアメリカが一一・二％であることを考えると、日本はもっと高い値になってしかるべきということであろう。

また、下位二五％の生徒のうちの一一・六％という値は、全体に換算すると約三％になる。したがって、「resilient student」に出会うのは決してまれなことではない。そのような生徒がいることを理由に、「日本はどんな家庭に生まれても高学力になる機会のある国」ととらえてしまうことに対して、松岡は繰り返し戒めている［松岡、二〇一九、二四一―二四三頁］。

★7　PISAは、OECDがおおむね三年ごとに実施する調査であり、二〇二二年の調査には八一か国・地域が参加した。この年の日本の順位は、全ての参加国の中で「読解力」が三位、「数学的リテラシー」が五位、「科学的リテラシー」が二位であった。また、TIMSSは、国際教育到達度評価学会（IEA）が四年ごとに「算数・数学」「理科」について実施する調査であり、二〇二三年調査には小学校は五八か国と地域、中学校は四四か国と地域が参加した。なお、いずれも学力調査以外に児童生徒や学校関係者に質問調査も実施している。

★8　「レジリエンス（resilience）」は心理学などで使われてきた概念であり、「回復力」や「耐久力」と訳されることがあるが、石岡丈昇は既存の研究を踏まえつつ、「状況への対応性、前進性、変革性に関与する力のことである」と述べている［石岡、二〇二三、一八一頁］。

4―4　授業料と奨学金

国際的に見た場合、日本の高等教育制度は私的負担率が高いという特徴がある。教育費の負担は、大きく公的負担と私的負担に分けられる。日本の二〇二一年の私的負担率は六三％であり、ＯＥＣＤ加盟国の平均二八％と比べてかなり高い。私的負担は、さらに企業や大学、慈善団体などの民間によるものと家計によるものの二つに分けられる。

表1は、二〇二一年の高等教育への支出に占める家計支出の割合である[★9]［OECD, 2024: 300］。日本は五一％であり、加盟国の中で三番目に高い。ＯＥＣＤ加盟国の平均は一九％である。北欧諸国は家計支出がないか、非常に低いことが分かる。家計支出の割合が低い国は、教育を社会で支えるべきという意識に基づいて制度が作られている。小林雅之によれば、チリや日本、韓国の家計支出の高さは、私立の高等教育機関が高い割合を占めていることや、高等教育に対する公的補助が乏しいことが原因である。また、英国やオーストラリア、米国は、近年授

表1　高等教育への支出に占める家計支出の割合（2021年：%）

チリ	58	ニュージーランド	29	ベルギー	6
英国	56	スペイン	29	アイスランド	6
日本	51	カナダ	27	ノルウェー	5
オーストラリア	47	イスラエル	24	コスタリカ	4
米国	38	オランダ	13	ルクセンブルク	1
韓国	36	ポーランド	13	スウェーデン	1
イタリア	34	トルコ	13	デンマーク	0
メキシコ	32	フランス	12	フィンランド	0

OECD（2024）より加盟国の一部を掲載。OECDの平均は19%。

業料の値上げが著しく、それに対して給付型奨学金の拡充が追いついていない。韓国は、給付型奨学金が強化されるとともに授業料の値上がりが収まり、家計支出の割合は低下している［小林、二〇一八、六頁］。表1の韓国の値は三六％であるが、二〇一五年は四五％ともっと高かった。

ＯＥＣＤは、国公立大学の授業料と奨学金を基準として、各国の教育制度を図8のような四つのモデルに分類している★10［中村、二〇一九、一頁］。日本はこの中では「高授業料・低補助」のモデルに入る。日本の大学の授業料や奨学金支給の現状はどうであろうか。

日本では、二〇二四年に国立大学の授業料に注目が集まった。東京大学が翌年の入学生からの値上げを決定し、他の国立大学でもそれに続く動きが見られたからである。それに対して値上げに反

図8　OECDによる授業料と公的補助（奨学金）水準の高低による4モデル

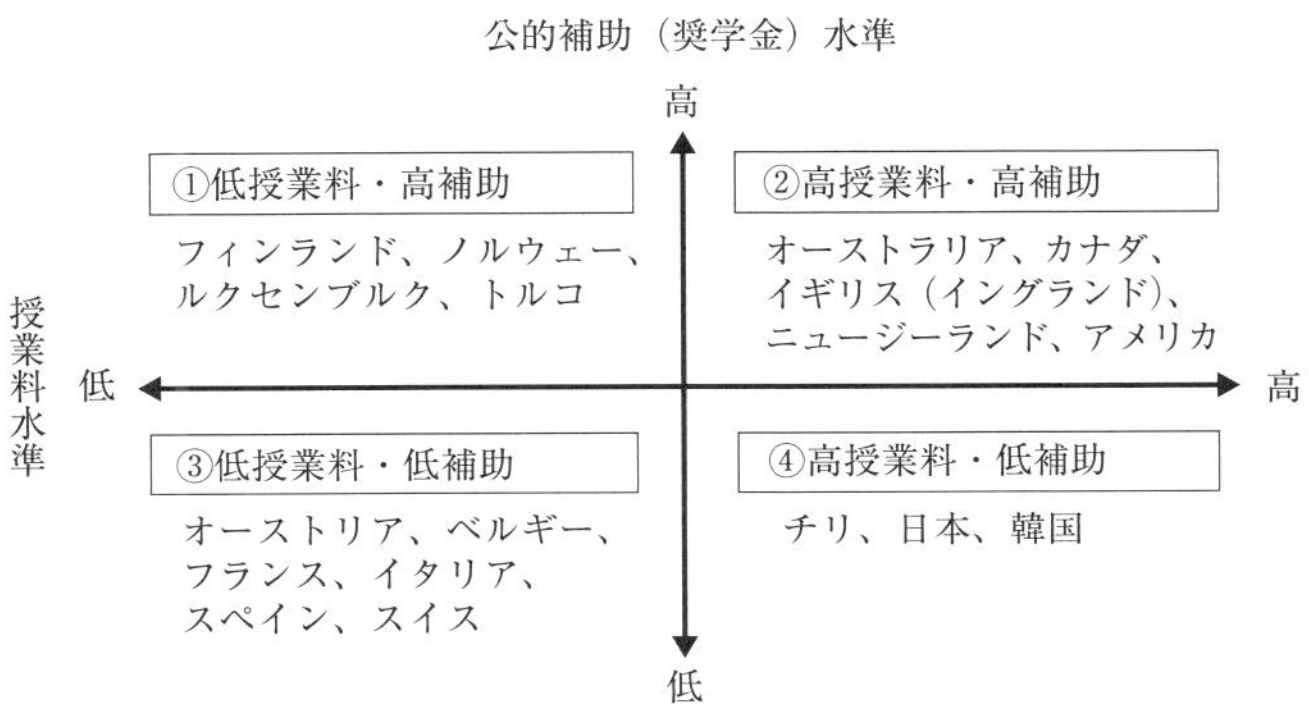

中村（2019）より

対する学生の署名なども行われた。値上げの背景には国立大学の厳しい財務状況がある。二〇二四年六月には、国立大学協会が国立大学を取り巻く財務状況の悪化について「もう限界です」とする声明を出した。国立大学の授業料はこの二〇年ほどは据え置かれてきたが、二〇一九年頃から授業料を値上げする国立大学が現れてきていた。

図9は大学の授業料の推移である。国立大学の授業料などは文部科学省の省令で定められており、私立大学は文部科学省が調査を行っている。二〇二三年度の授業料は、国立大学の標準額が[★11]五三万五八〇〇円、私立大学の平均が九五万九二〇五円、国立大学とほぼ重なるため図には示さなかったが、公立大学の平均が五三万六一九一円である［文部科

図9　大学の授業料の推移

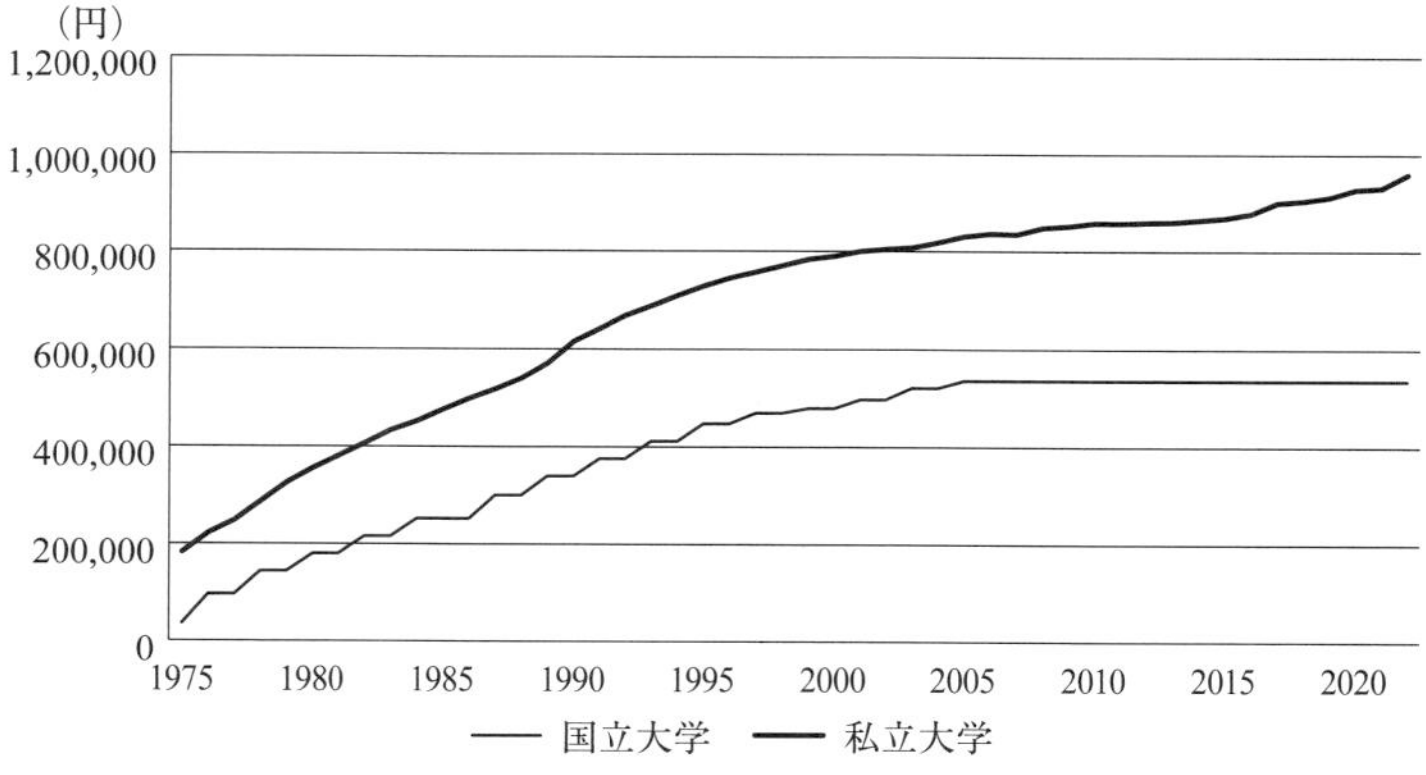

文部科学省（2025）より筆者作成

学省、二〇二五」。大学に納付するのは学費だけではない。私立大学の場合、入学料や施設設備費などを合わせると初年度の納付金は平均で一四七万七三三九円にもなる。すでに述べたように、日本は他国と比較して私立大学が多いことも学費の負担が重くなる原因になっている。昔の授業料はいまと比べるとかなり安かった。一九七五年の国立大学の標準額は三万六〇〇〇円、私立大学の平均は一八万二六七七円であり、国立大学は一四・九倍、私立大学は五・〇倍になった。厚生労働省の「賃金構造基本統計調査」は二〇一九年まで大卒の初任給を調査してきたが、同時期の大卒の初任給が二・四倍の上昇であったことと比べると、学費は大幅に上昇し

★9　ＯＥＣＤの『Education at a Glance』は毎年発行されており、文部科学省のホームページに各年版へのリンク集がある（https://www.mext.go.jp/b_menu/toukei/002/index01.htm）。また、明石書店から翻訳も出版されている。

★10　中村は、図8をＯＥＣＤ［2018］の二九六〜二九八ページの図や記述をもとに作成しており、ＯＥＣＤ加盟国の国公立大学等の授業料と奨学金の概要をまとめている。

★11　国立大学は、「特別な事情があるとき」は標準額から二〇％までの引き上げが認められている。私立大学は昼間部の平均である。

ている。

図10は奨学金利用者率の推移である。学生支援機構が隔年で実施している「学生生活調査」の結果をもとに作成した。一九九〇年代まで二〇％程度であった利用者率は、二〇〇〇年代に入って急激に上昇し、二〇一〇年からは五〇％程度で推移している。大内裕和の言葉を借りれば、「奨学金は、少数の「経済的に厳しい家庭の出身者」が利用するものから、過半数の大学生が利用するものになったのである」〔大内、二〇一五、七一頁〕。大内は、奨学金利用者が急増した理由として、この時期の家庭の経済状況の悪化に加え、奨学金制度の変化を挙げている〔大内、二〇二三、一八頁〕。一九九九年の「きぼう21プラン」の発足により、有利子の奨学金を中心に貸与人数が大幅に増加した。二〇一〇年代に入ると、貸与型の奨学金の返

図10　奨学金利用者率の推移

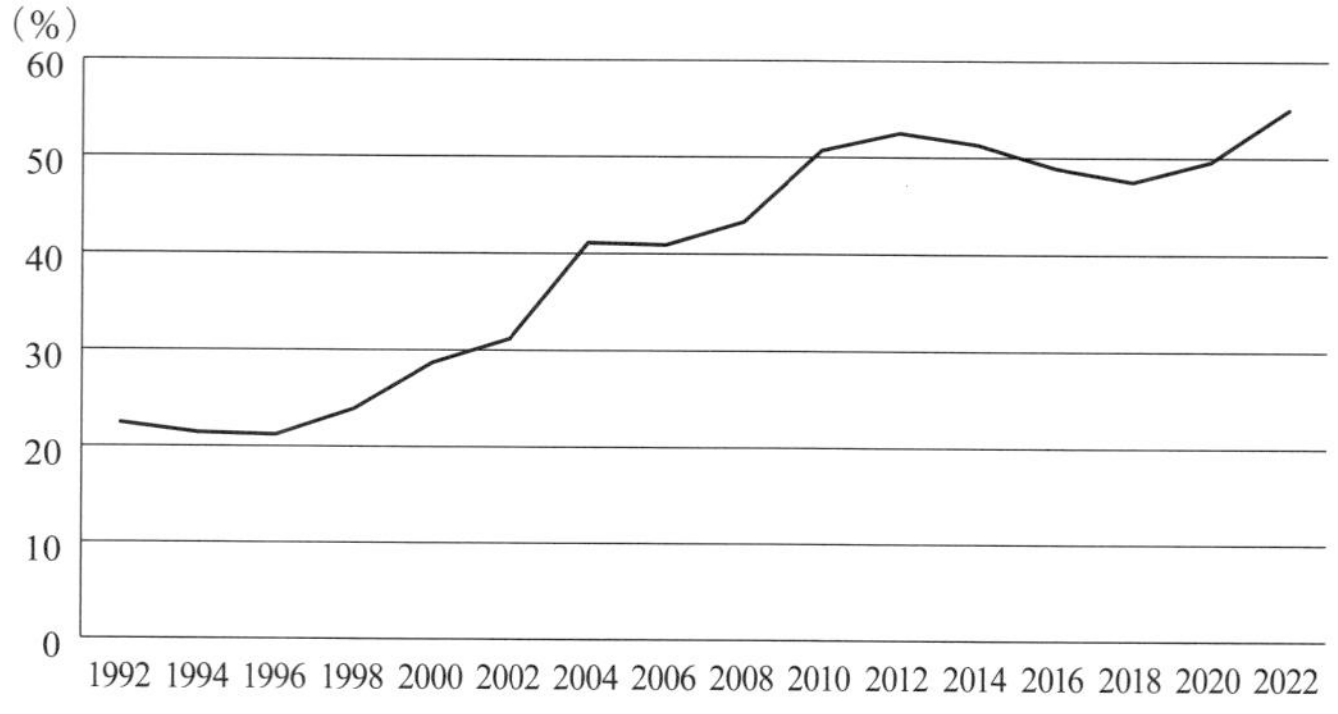

学生支援機構「学生生活調査」より筆者作成

還に苦しむ利用者の増加が問題として注目されるようになる。二〇一七年から学生支援機構による給付型の奨学金が始まり、二〇二〇年からは授業料や入学金の減免も行う「高等教育の修学支援新制度」が行われているが、多額の奨学金の返還に苦しむ人は依然として少なくない。★12

5　様々な格差

5―1　地域による格差

ここまで出身家庭による格差について述べてきたが、どの地域で生まれ育つかということも人は選ぶことができない。地域による教育格差も明確に存在しており、これまで研究が進められてきた。

★12　雑誌『ＰＯＳＳＥ』は、二〇一六年九月発行の三二号や二〇二一年一二月発行の五二号で奨学金の特集を組んでいる。また、『中央公論』二〇二四年一〇月号や『地平』二〇二四年一〇月号は、大学の学費値上げに関する特集である。

表2は、二〇二四年の都道府県別の大学進学率である。東京都が七七・九％で最も高く、全国の五九・一％を二〇％近く上回っている。表2には、「自県進学率」（出身高校と同じ都道府県の大学に進学した者の割合）と大学数も示した。東京都は大学数も一四五校と突出して多い。東京都だけで一八歳人口の一割近くを占めているが、自県進学率も六八・八％と高くなっている。基本的には大都市部の大学が多い都府県で進学率が高く、山梨や茨城、奈良は大学は少ないが、大学が多い都府県に隣接している。また、進学率が全国値を超える都府県は八つしかなく、進学率が高い地域は偏在していると言える。進学率が低い県は九州や東北に多く、その多くで自県進学率も低い。

地域による進学率の差を生み出す要因は、大学による進学志望者の「収容力」だけではない。天野郁夫らは以下のように述べている。「都市部在住者は平均的に学歴や所得水準の高い親を持つのみならず、都市に存在するさまざまの有形・無形の学習機会を利用できること、また周囲に多くの大卒者向きの職業機会が存在することなどから、大学進学の費用を低下させ、便益を増大させることが可能な立場に置かれている。言いかえれば、都市在住者は、大学進学にあたって都市の集積利益（agglomeration merit）を利用して有利な立場に立つことができるのである。」［天野ほか、一九八四、五頁］。

上山浩次郎は、都道府県間の格差は一九七五年から一九九〇年までは縮小し、その後は拡大

表２　都道府県別の大学進学率と大学数（2024年）

順位	都道府県	進学率	自県進学率	大学数	順位	都道府県	進学率	自県進学率	大学数
1	東京	77.9	68.8	145	25	宮城	51.6	55.1	15
2	山梨	75.7	22.9	7	26	北海道	51.6	65.3	38
3	京都	72.0	53.5	34	27	高知	51.4	27.2	6
4	茨城	64.9	18.1	11	28	福岡	51.3	65.9	34
5	奈良	63.6	15.2	10	29	長野	50.9	18.5	11
6	大阪	63.2	60.1	58	30	群馬	50.2	34.2	15
7	兵庫	60.5	45.0	35	31	富山	50.1	20.3	5
8	神奈川	59.8	40.4	33	32	新潟	48.2	41.3	22
9	広島	58.9	51.0	20	33	三重	47.6	23.9	7
10	千葉	58.8	34.3	27	34	島根	47.0	17.8	2
11	石川	57.8	49.0	14	35	青森	46.4	38.8	10
12	埼玉	56.9	28.3	27	36	鹿児島	45.7	30.8	6
13	愛知	56.6	71.4	53	37	鳥取	45.2	15.1	3
14	香川	56.6	17.7	4	38	熊本	44.7	47.4	9
15	岡山	55.8	41.2	18	39	山形	44.7	22.4	8
16	福井	55.1	31.3	6	40	山口	44.5	26.4	10
17	沖縄	54.6	40.2	8	41	長崎	43.7	35.5	8
18	徳島	52.9	33.3	4	42	岩手	43.3	28.6	6
19	滋賀	52.8	21.4	9	43	福島	43.2	21.0	8
20	和歌山	52.6	18.4	5	44	佐賀	43.0	17.5	2
21	愛媛	52.5	34.3	5	45	大分	42.9	26.9	5
22	静岡	52.0	29.2	14	46	秋田	42.4	24.6	7
23	岐阜	51.7	22.2	13	47	宮崎	40.9	26.7	7
24	栃木	51.6	25.2	9					

「学校基本調査」より筆者作成

する傾向にあると述べている［上山、二〇一二、二六―二七頁］。上山が分析したのは二〇一〇年までであるため、同様の方法でそれ以降の動向を探ってみたが、拡大というよりは横ばいの状況にある。格差が一時的に縮小したのは、同じ時期に大都市圏の大学に対して厳しい定員抑制策がとられた影響かもしれない。学校基本調査の公表されている集計の中には、「出身高校の所在地県別入学者数」がある。これを使って計算すると、東京都にある大学の入学者の出身高校は、二〇二四年では東京都が三四・三％、一都三県が六九・六％であった。少しずつではあるが、値は増加する傾向にあり、東京都市圏以外から東京都の大学に進学するのは困難になってきている可能性がある。

5―2　性別による格差

次に性別による格差を取り上げたい。図11は男女別の進学率である。大学については男女、短大については女性のみ示した。一九六〇年代半ばまでは、男性の進学率が女性の五倍以上と大きな差があった。その差は徐々に縮小していったが、女性は短大への進学が主流である時期が長く続いた。一九九〇年代後半になって短大から大学へと女性の進学先の移行が進み、大学進学率が男性に接近していく。二〇二四年の大学進学率は、男性が六一・九％、女性が五六・二％である。男女の差は五％程度になったが、格差が解消された状況であるとは言えない。

先進諸国では、高等教育機関の入学者に占める割合は女性の方が高い。二〇二二年のデータでは、ＯＥＣＤ加盟国の中で男性の方が高かった国は日本だけであった。加盟国の平均は五六％であり、日本は四九％である★13［OECD, 2024: 244］。五六％という数字から計算すると、男性の一・二倍以上の女性が高等教育機関に在籍していることになる。女性の入学者の割合が男性を上回った理由としては、先進諸国の女性の進学率が飛躍的に向上したことに加え、先進国の中に男性の低学力・低学歴の問題を抱える国があることも考える必要がある［中西、二〇二四］。

　日本では男女の大学進学率がかなり接近してきたこともあり、高等教育における男女差の分析の焦点は、大学進学そのものから専攻

図 11　男女別の進学率

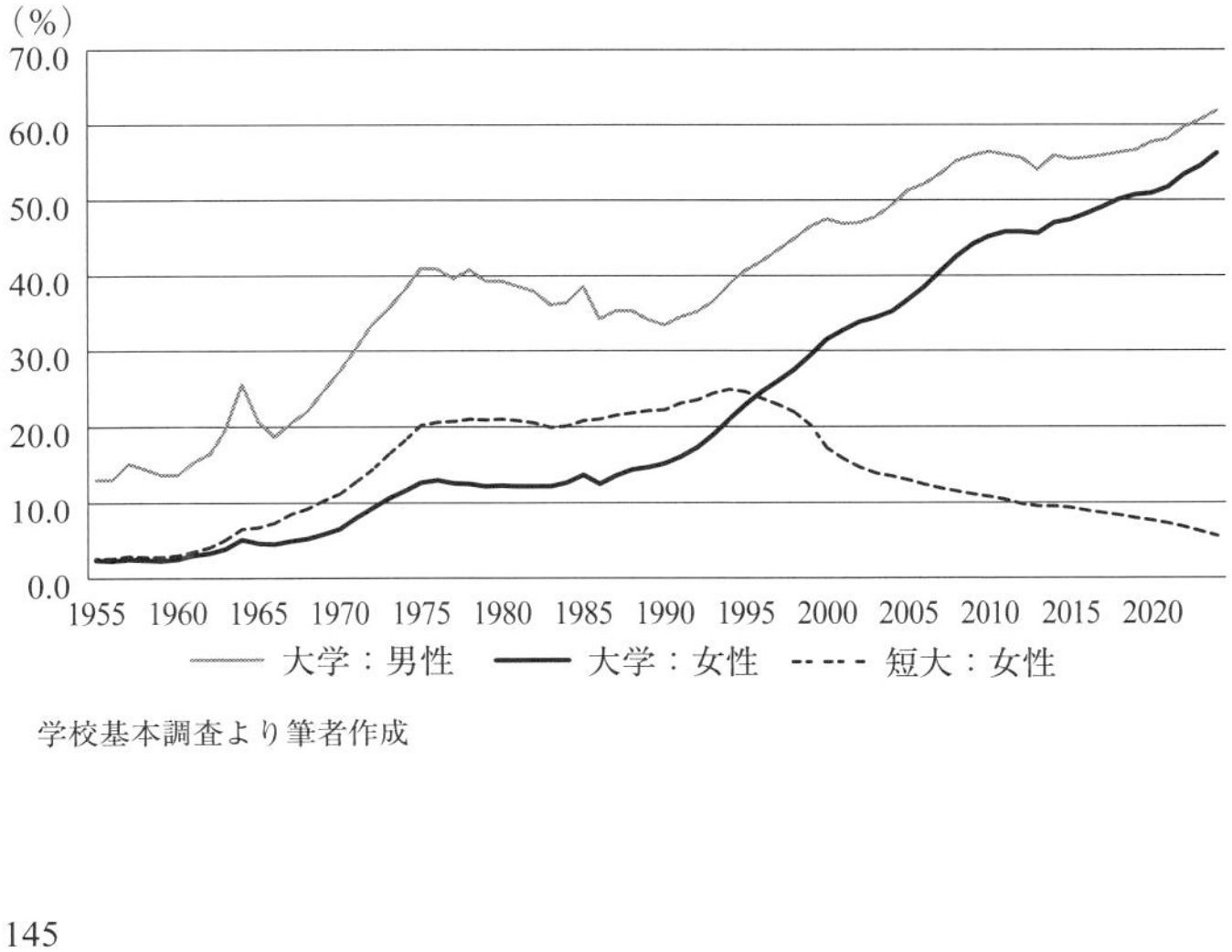

学校基本調査より筆者作成

分野や大学ランクに移っているとされる〔知念、二〇二二、四一頁〕。また、専攻分野については、入試において理工系学部を中心に「女子枠」を設ける大学が増加していることもあり、社会的にも注目されている。

図12は二〇二四年の専攻分野別の男女の割合である。同じ文系でも、人文科学は女性の割合が高く、社会科学は男性の割合が高い。また、同じ理系でも、医学・歯学は男性の割合が高く薬学・看護等は女性の割合が高い。卒業後に看護師や薬剤師などのいわゆる「準専門職」として扱われてきた職業に就く分野では、理系でも女性の割合が高いと言える。★14

男女の開きが大きい分野としては、工学の女性の割合の低さが目を引く。理系については、「ＳＴＥＭ分野」という言葉が近年よく聞か

図 12　専攻分野別の男女の割合（2024年）

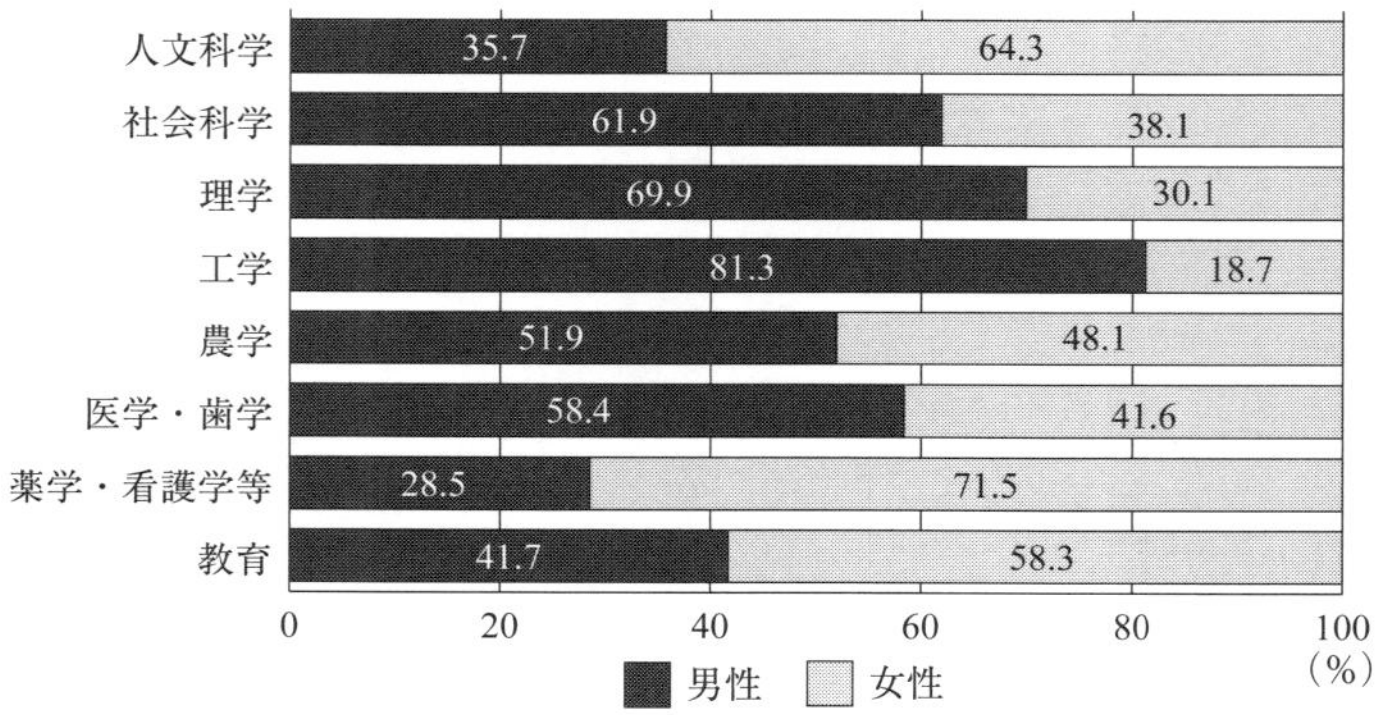

学校基本調査より筆者作成

れるようになった。科学（Science）・技術（Technology）・工学（Engineering）・数学（Mathematics）の四分野の頭文字を取った言葉であるが、日本に限らず先進諸国においても女性が選ぶ割合が男性と比べて低い。二〇二二年の大学入学者に占めるSTEM分野を専攻する者の割合は、OECD加盟国の平均で男性が四一%であるのに対して女性は一五%である。七%の日本は加盟国の中で最下位であった［OECD, 2024: 244］。

大学での専攻の違いは大学院への進学にも反映される。図13は二〇二四年の専攻分野別の修士課程入学者数である。大学の進学率は男女でかなり接近してきたが、大学院への進学では二倍以上の差があり、理系、特に工学系の進学者の差が大きく影響していることが分かる。大卒よりも大学院卒の方が一般的に賃金が高くなるということや、先ほど述べたように、専門職は男性、「準専門職」は女性といった職業の配分につながることを考えると、専攻分野における男女の偏りは経済的不平等をもたらすと言える。

図13　専攻分野別の修士課程入学者数（2024年）

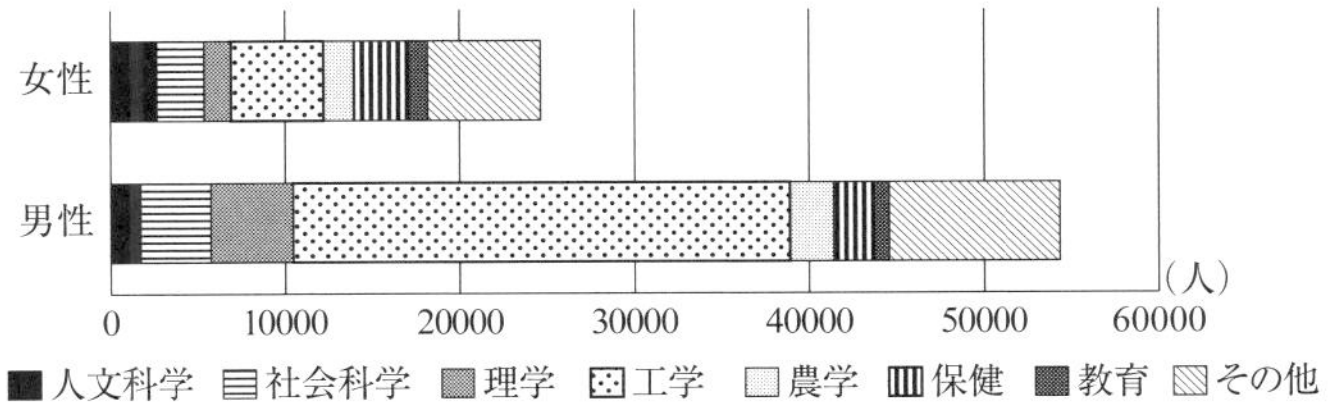

学校基本調査より筆者作成

専攻を選ぶにあたって学力は関係あるのだろうか。二〇二二年に実施されたPISAの日本の平均点は、「数学的リテラシー」が女子五三一点・男子五四〇点、「読解力」が女子五二四点・男子五〇八点、「科学的リテラシー」が女子五四六点・男子五四八点であった。男女の学力はほぼ同程度であると言える。女子の数学の点数は他の先進国の男子よりもかなり高く（アメリカ四七一点、イギリス四九六点、フランス四七九点など）、北欧や東南アジアでは女性の方が男性よりも数学の点数が高い［OECD, 2023: 32-33］。したがって、男女による専攻の違いは学力以外の要因によってもたらされたと考えた方がよい。

6　これからの学びに向けて

ここまで、データにを示しながら教育格差の現状について述べてきた。これから学習や研究を進めていく上では、どのような要因がどのようなメカニズムで教育格差をもたらしたかについて、より広く・深く考えていく必要がある。

4の「出身家庭による格差」では、両親の年収や学歴の影響を取り上げた。学歴を獲得するために必要な費用は学費だけではない。よい成績を収めたり受験に合格したりするには、進学塾や予備校などに通う「学校外教育投資」ができる家庭の方が有利である。スポーツや文化的活動、さらには家族旅行などを経験できるかどうかも、家庭の経済状況によって左右される。また、自宅に本がたくさんあって読書するのが当たり前という環境に育った人は、そうでない人と比べて勉強に必要な素地や教養を身につけることが容易であろう。親が大卒であれば、大学に進学することがイメージしやすいし、学歴が高い親の方が子どもに高い教育を受けさせようとする意識が強い傾向がある。

５―１の「地域による格差」では、地元や隣接する都道府県にある大学の数や収容力を取り上げるとともに、地元に「有形・無形の学習機会」や「大卒者向きの職業機会」があるかどうかということについても触れた。「学習機会」とは具体的にどのようなものが考えられるだろ

★13　このデータの高等教育機関には専門学校が含まれていない。高等専門学校の四年次への進学や専門学校を含めた二〇二一年の高等教育機関への進学率は、男性が八〇・七％、女性が八七・一％であり、入学者に占める女性の割合は五〇・八％になる。

★14　田邉和彦は、こうした分野をＳＴＥＭ領域に対して「ケア領域」と呼び、高校生の進路選択において、ジェンダーに基づくステレオタイプの内面化が及ぼす影響について分析している［田邉、二〇二二］。

うか。私立の中高一貫校が数多くある地域もあれば、人口が少ない地域では進学校がない場合もある。また、進学実績を誇る大手の塾が生徒を熱心に勧誘している地域もあれば、書店すらなくて参考書を選ぶのも一苦労という地域もある。博物館や図書館の数も地域によってかなり違いがあるだろう。また、都道府県ではなく近隣という狭い範囲で考えれば、住民のほとんどが大卒という地域もあれば、身近に大卒の人が住んでいないという地域もある。

5―2の「性別による格差」については、この章ではあまり紹介できなかったが、様々な研究が蓄積されている。大学への進学において、男性よりも女性の方が出身階層や地域による格差の制約を受けやすいということは、これまでよく言われてきた。また、学校の「隠れたカリキュラム」などにより伝統的な女性役割を内面化し、女性が学力や成績とは別の論理で進路を選択する過程について、中西祐子は「ジェンダー・トラック」と呼んだ〔中西、一九九八〕。そもそも、女性が教育達成を果たした先に社会で能力を発揮する場が十分になければ、教育におけるジェンダー・ギャップの解消は進まない。中西は「現代の日本社会において女性に集中して求められている「ケア力」の再検討も含め、労働市場、家族体制など、社会構造を抜本的に変革する必要がある」と述べている〔中西、二〇二四、一九〇頁〕。

先行研究を踏まえて仮説を立て、それを検証することで研究は進んでいく。貧困や格差の問題に広く関心を持ち、データも踏まえつつ考えられるようになってほしい。

参考文献

天野郁夫、二〇〇三、『日本の高等教育システム――変革と創造』東京大学出版会
天野郁夫・河上婦志子・吉本圭一・吉田文・橋本健二、一九八四、「進路分化の規定要因とその変動――高校教育システムを中心として」『東京大学教育学部紀要』第二三巻、一―四三頁
知念渉、二〇二二、「大学を選択する論理とジェンダー」『教育学研究』第八九巻第四号、五五二―五六四頁
濱中義隆、二〇一七、「大学進学機会の格差と学生等の経済的支援政策の課題」東京大学『家庭の経済状況・社会状況に関する実態把握・分析及び学生等への経済的支援の在り方に関する調査研究報告書』五三―七二頁
畠山勝太、二〇二二、「グローバルなジェンダー指標から見た日本の中等教育とそれを取り巻く環境の課題」『学術の動向』第二七巻第一〇号、五七―六七頁
平沢和司、二〇二一、『格差の社会学入門（第二版）』北海道大学出版会
平沢和司・古田和久・藤原翔、二〇一三、「社会階層と教育研究の動向と課題」『教育社会学研究』第九三号、一五一―一九一頁
朴澤泰男、二〇一六、『高等教育機会の地域格差――地方における高校生の大学進学行動』東信堂
本田由紀、二〇二四、「限界を迎える日本の大学費用負担構造――国際比較と歴史的経緯から浮かぶ歪み」『地平』第四号、一〇二―一一四頁

石岡丈昇、二〇二三、『タイミングの社会学――ディテールを書くエスノグラフィー』青土社
岩田正美、二〇〇七、『現代の貧困――ワーキングプア・ホームレス・生活保護』筑摩書房
苅谷剛彦、二〇二四、「放置された不平等の慣性――授業料と財政支援の国際比較から見る日本の大学」『中央公論』第一三八巻第一〇号、六四―七一頁
吉川徹、二〇一九a、『学歴社会のローカル・トラック――地方からの大学進学（新装版）』大阪大学出版会
――、二〇一九b、『学歴と格差・不平等――成熟する日本型学歴社会（増補版）』東京大学出版会
――、二〇二四、「学歴分断と不平等」筒井淳也・相澤真一編『岩波講座社会学第一一巻　階層・教育』岩波書店、三一―二〇頁
小林雅之、二〇一四、「教育機会の均等」耳塚寛明編『教育格差の社会学』有斐閣、五三―七七頁
――、二〇一八、「高等教育費負担の国際比較と日本の課題」『日本労働研究雑誌』第六〇巻第五号、四―一五頁
小室昌志、二〇一二、「我が国における高等教育政策の歴史的変遷に関する一考察――規模政策・設置認可政策を中心として」『評論・社会科学』第九九号、七五―九六頁
厚生労働省、二〇二三、『二〇二二（令和四）年国民生活基礎調査の概況』（二〇二五年一月三一日取得、https://www.mhlw.go.jp/toukei/saikin/hw/k-tyosa/k-tyosa22/dl/14.pdf）
厚生労働省政策統括官（総合政策担当）、二〇二三、『令和三年所得再分配調査報告書』（二〇二五年一月

三一日取得、https://www.mhlw.go.jp/content/12605000/R03hou.pdf)
松岡亮二、二〇一九、『教育格差——階層・地域・学歴』筑摩書房
文部科学省、二〇二五、「(参考二) 国公私立大学の授業料等の推移」(二〇二五年二月三日取得、https://www.mext.go.jp/content/20231226-mxt_sigakujo-000033159_4.pdf)
中村真也、二〇一九、「諸外国の大学授業料と奨学金（第二版）」『調査と情報』第一〇四八号、一—一四頁
中西祐子、一九九八、『ジェンダー・トラック——青年期女性の進路形成と教育組織の社会学』東洋館出版社
——、二〇二四、「教育達成におけるジェンダー・ギャップとその背景」筒井淳也・相澤真一編『岩波講座社会学第一一巻　階層・教育』岩波書店、一七一—一九三頁
中村高康・松岡亮二編、二〇二一、『現場で使える教育社会学——教職のための「教育格差」入門』ミネルヴァ書房
OECD, 2018, *Education at a Glance 2018: OECD Indicators*, OECD Publishing, Paris
——, 2023, *PISA 2022 Results (Volume I): The State of Learning and Equity in Education*, PISA, OECD Publishing, Paris
——, 2024, *Education at a Glance 2024: OECD Indicators*, OECD Publishing, Paris
大内裕和、二〇一五、「日本の奨学金問題」『教育社会学研究』第九六号、六九—八六頁

――――、二〇二三、「奨学金・学費問題の現状と課題」『労働調査』第六二五号、一八―二三頁
トロウ、マーチン、一九七六、天野郁夫・喜多村和之訳『高学歴社会の大学――エリートからマスへ』東京大学出版会
田邉和彦、二〇二一、「日本における性別専攻分離の形成メカニズムに関する実証的研究」『教育社会学研究』第一〇九号、二九―五〇頁
東京大学大学院教育学研究科大学経営・政策研究センター、二〇〇九、「高校生の進路と親の年収の関連について」（二〇二五年二月三日取得、https://ump.p.u-tokyo.ac.jp/crump/resource/crump090731.pdf）
上山浩次郎、二〇一二、「高等教育進学率における地域間格差の再検証」『現代社会学研究』第二五号、二一―三六頁
横山広美、二〇二二、『なぜ理系に女性が少ないのか』幻冬舎

第4章　日本社会の「国際化」について考える

伊藤泰郎

1　「日本人」とは誰なのか

社会学という学問について簡潔に説明するのは難しい。社会学の教科書や入門書が様々な説明をしているが、私が最近引用しているのは、盛山和夫による以下の定義である。「社会学とは、多様性のもとでの共同性を探求する学である」〔盛山、二〇一七、一頁〕。社会学が常識を疑う学問であるということもよく言われるが、自分が当たり前のものとしている常識の外側には、異なる常識を持つ多様な人々による世界が広がっている。そうした人々と対等な関係で協同してひとつの社会をつくっていくことは、如何にして可能であろうか。

本章では、日本社会において「日本人」とは異なる「エスニシティ」の人々が置かれた状況や抱える課題について考える。「エスニシティ」とは日本語で「民族性」とも訳されるが、「民族」や「人種」といった枠組みでとらえられる人々のまとまりを指している。「日本人」とは誰なのか。法律に基づいて言えば、「日本人」とは日本国籍を持っている人のことである。しかし、話はそれほど単純ではない。両親の国籍が異なることにより、日本国籍だけでなく別の国籍も持つ重国籍の人もいれば、日本国籍しか持っていないが、外国にルーツを持つ人もいる。逆に、日本にルーツを持つ人でも日本国籍を持っていなければ外国人ということになる。また、日本国籍を持つ「日本人」であるからといって、日本の先住民族であるアイヌ民族を「日本人」として何も考えずに一括りに扱うことはできないだろう。

問題は、「日本人」であるか否かを日頃意識することなく過ごしている人もいれば、何かにつけて意識せざるを得ない状況で過ごしている人もいるということである。日本社会は多様な「エスニシティ」の人々によって構成されている。こうしたことを考えるための土台となる知識として、日本の外国人労働者の受け入れと外国にルーツを持つ子どもたちが置かれた状況についてこの章では述べていくことにしたい。

2　日本の住む／働く外国人

2―1　外国人住民の数

そもそも日本には外国人が何人住んでいるのだろうか。外国人に関する統計でよく使われるのは在留外国人統計である。在留外国人は中長期在留者と特別永住者から構成される。中長期在留者とは三か月を超える在留期間の在留資格を持つ外国人であり、[★1]特別永住者とは大まかに言えば日本がかつて植民地にしていた地域の出身者やその子孫である。[★2]毎年六月末と一二月末のデータが公表されており、二〇二三年末の在留外国人数は三四一万九九二人であった。中長期在留者と特別永住者は住民登録をする必要があるため、日本に住んでいる外国人であると言うことができる。[★3]「住民基本台帳に基づく人口、人口動態及び世帯数調査」という統計もあり、これを用いて計算すれば、日本に住んでいる人に占める外国人の割合も分かる。二〇二四年一

★1　「短期滞在」や「外交」、「公用」の在留資格を持つ人などは含まれない。
★2　定義は「日本国との平和条約に基づき日本の国籍を離脱した者等の出入国管理に関する特例法」に定められている。

月一日現在ではその割合は二・七％である。

なお、これらの統計に含まれない外国人もいる。例えば、米軍の関係者（軍人・軍属やその家族など）である。近年は公表されなくなっているが、二〇一三年三月末の「在日米軍人等の施設・区域内外における居住者数」は一〇万五六七七人であった。

2―2 在留外国人数の推移

図1は一九七〇年代半ばからの在留外国人数の推移である。国籍・地域が「韓国・朝鮮[★4]」の構成比と対前年比もあわせて示した。これを見ると、リーマンショック後の二〇〇九～一二年とコロナ禍の二〇二〇～二一年を除けば、在留外国人数は増加を続けたことが分かる。対前年比が特に高かった時期は、一九九〇年前後と、二〇一〇年代後半からコロナ禍を挟んだ二〇二〇年代にかけてであり、いずれも労働力不足が深刻化した時期である。

一九九〇年前後はバブル経済と言われ好景気に沸いた時期であった。日本の高度成長は、地方から大都市圏に仕事を求めて移住する若年労働者や出稼ぎ労働者などによって支えられたが、この時期になると企業は労働力の新たな供給源を海外に求めるようになっていた。アジアからの労働者だけでなく、ブラジルやペルーといった南米の国からも日系人が仕事を求めて来日した。この時期に来日が急増したのは労働者だけではない。一九八三年には「留学生一〇万人計画」が策定され、国の政策のもとで留学生の受け入れが拡大し、「嫁不足」に悩む農村部などでは海外からの女性が結婚相手として迎えられた。中国残留婦人や残留孤児とその家族の帰国も本格化した。外国人の増加が人々にも意識されるようになり、外国人労働者に対して「開国」か「鎖国」かといった論争も繰り広げられた。

　この時期以降に来日した外国人のことを「ニューカマー」と呼ぶ。「ニューカマー」の来日以前にも日本には多くの外国人が居住しており、それらの

図1　在留外国人数の推移（1976～2023年）

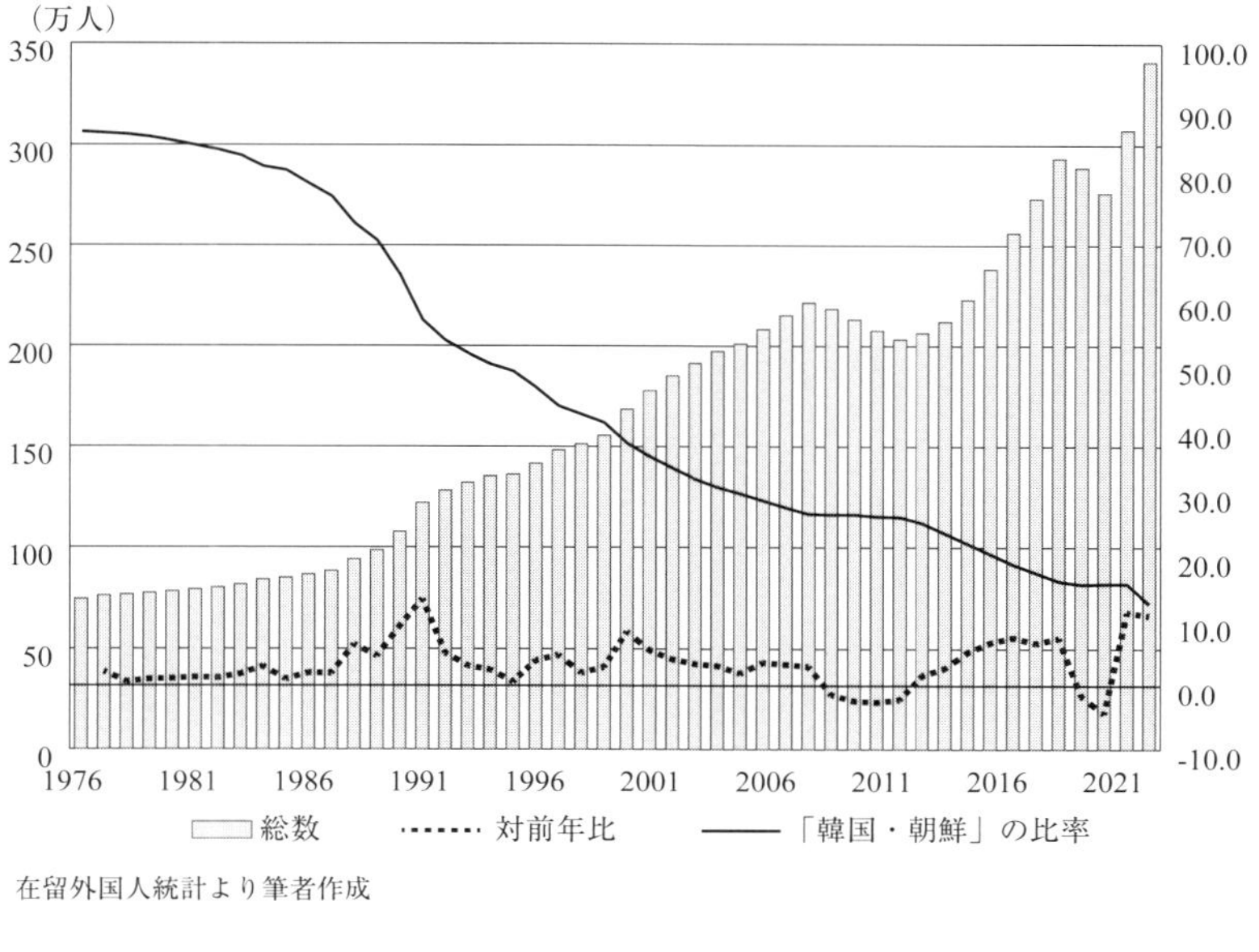

在留外国人統計より筆者作成

人々を「オールドタイマー」と呼ぶ。一九七〇年代後半の在留外国人数は七〇万人余りであり、一九七六年に「韓国・朝鮮」が在留外国人数に占める構成比は八六・三％であった。オールドタイマーの多くは在日コリアンである。日本社会にニューカマーが増加するにしたがって、「韓国・朝鮮」の構成比は低下していく。

バブル経済の崩壊後の景気後退期においても、在留外国人数は減少することなく増加を続けた。労働力の不足から一転して過剰な状況になったが、外国人労働者はコスト削減のために求められた。また、雇用の調整弁を担う「フレキシブルな労働力」としても扱われるようになった。フレキシブルであるということは、生産変動にともなう短期的な雇用調整の影響を受けるだけではない。二〇〇八年に発生したいわゆるリーマンショックの際には、外国人労働者は大量に解雇され、四年にわたって在留外国人数は減少する。

二〇〇八年は日本の人口がピークを迎えた年でもある。翌年から日本の人口は減少に転じ、特に「団塊の世代」が生産年齢人口から抜けた二〇一〇年代前半以降、人手不足の状況はより顕著になる。日本銀行が実施する「全国企業短観経済観測調査」（いわゆる「日銀短観」）では、二〇一三年三月調査から「雇用人員判断」の値は労働力の「不足」に転じ、その傾向は年を追うごと強まっていく。コロナ禍で一時的にその傾向は弱まるものの、二〇二三年にはコロナ禍前に近い労働力不足の状況に戻っている。

外国人は再び労働力不足を解消するために求められるようになった。これまでの景気低迷が続いた時期においても、地方や構造的不況業種を外国人労働者が支えるという状況は見られたが、その需要は地域や業種を越えて広範かつ急速に拡大している。二〇一五年からコロナ禍の前まで在留外国人数は対前年比で五～七％台と高い値を示した。この時期は労働者だけでなく、留学生も増加した。「留学生一〇万人」の目標が二〇〇三年に達成された後、二〇〇八年に新たに「留学生三〇万人計画」が策定された。日本学生支援機構が実施する「外国人留学生

★３　二〇一二年七月に外国人登録制度が廃止され、新しい在留管理制度のもとでは、外国人も住民基本台帳に記載されることになった。それまでは日本に住む外国人の数は「外国人登録者数」によって把握されることが多かった。なお、一時庇護や仮滞在の許可を受けている人や、出生や日本国籍の喪失による経過滞在の人も住民登録をする必要がある。

★４　韓国籍と朝鮮籍は二〇一五年より分けて集計されているが、この図では過去との比較のために両者を合計した数値を用いている。なお、韓国籍は大韓民国の国籍を有していることを意味するが、朝鮮箱は朝鮮半島という地域の出身であることを示すに過ぎない。

在籍状況調査」によれば、東日本大震災の影響により二〇一一～一三年は留学生数が減少したが、二〇一五年から対前年比で一〇％台とそれ以前と比較して高い増加率が続いた。★5

コロナ禍では在留外国人数が減少した。感染者が多い地域の滞在歴がある外国人に対しては、日本への入国制限が行われた。新規入国者数が明確に減少を始めたのは二〇二〇年三月であり、四月には激減した。上陸拒否の対象は最も多い時期で一六二の国と地域になった。上陸拒否は二〇二二年四月に一〇六の国と地域が対象から除外されるまで続き、全てが除外されたのは二〇二二年九月四日であった。しかし、在留外国人数の減少は二〇二〇年と二〇二一年の二年間にとどまった。その後の二〇二二年と二〇二三年は対前年比で増加率が一〇％を超え、コロナ禍以前よりも増加が顕著になっている。対前年比が一〇％を超えるのはバブル期の一九九一年以来である。

2―3　外国人労働者の数

ここまで見てきた在留外国人数以外に、外国人労働者の数を示す統計として「「外国人雇用状況」の届出状況」がある。一九九三年度より実施された外国人雇用状況報告制度は、二〇〇七年一〇月一日に義務化された。全ての事業主は、外国人労働者の雇入れや離職の時に、ハローワークに届け出なければならない（ただし、特別永住者、在留資格「外交」「公用」の者を除く）。

「外国人雇用状況」の届出状況」はこの届出を集計したものであり、二〇〇八年から一〇月末現在の数値が公表されている。[★6] 二〇二三年の外国人労働者数は二〇四万八六七五人である。

表1は、国籍・地域別の在留外国人数と外国人労働者数である。在留外国人で最も多いのは中国（二四・一％）であり、ベトナム（一六・六％）、韓国（一二・〇％）、フィリピン（九・四％）、ブラジル（六・二％）が続く。リーマンショックがあった二〇〇八年と比較すると、この一五年間でネパールは一四・四倍、ベトナムは一三・七倍、ミャンマーは一一・一倍と急増している。ブラジルはリーマンショック後に減少が続き、二〇一六年から再び増加に転じるも二〇〇八年の七割ほどとなっている。外国人労働者数ではベトナムが二〇二〇年に中国を抜いて最も多くなっており、二〇二三年は外国人労働者の二五・三％を占めている。韓国は在留外国人数と比べて

★5　同調査によれば、二〇二三年五月一日現在では、留学生が在籍する教育機関は日本語教育機関が三二・五％、大学（学部）が二八・八％、大学院が一九・九％、専修学校（専門課程）が一六・六％などとなっている。

★6　届出制度が法的には義務化された当初は、まだ十分に浸透していなかったためか、統計としては精度がやや低いように思われる。精度が信頼に足るものとして扱ってよいのは、二〇一〇年代の半ばから後半以降であると考えられる。

かなり少ないが、特別永住者が含まれていないことに留意が必要である。

3　外国人労働者の受け入れ

3―1　在留資格と日本での就労

在留資格とは、外国人が日本に滞在する根拠となるものであり、外国人は在留資格をもって滞在することが原則とされている。一般的に「ビザ」と呼ばれることもあるが、ビザ（査証）は入国するための条件として必要とされるものであり、在留資格とは異なる。

在留資格には様々なものがあり、「活動に基づくもの」と「身分または地位に基づくもの」の二つに分かれる。「活動に基づくもの」の多くは、活動が就労の内容によって規定されている「就労資格」である。その内容からは、日本が表向きには専門的な知識や技能を持つ外国人を受け入れようとしているように見える。二〇〇〇年頃からはＩＴ技術者などの「高度外国人材」の受け入れが議論されるようになり、二〇一五年四月には「高度専門職」も新設された。

表2は在留資格別の在留外国人数である。ここに示した在留資格のうち、「技能実習」「技術・人文知識・国際業務」「留学」「家族滞在」「特定技能」「特定活動」が「活動に基づくもの」で

表 1　国籍・地域別の在留外国人数・外国人労働者数（2023年）

順位	在留外国人数(12月末)			外国人労働者数(10月末)		
	国籍・地域	人数	%	国籍・地域	人数	%
1	中国	821,838	24.1	ベトナム	518,364	25.3
2	ベトナム	565,026	16.6	中国	397,918	19.4
3	韓国	410,156	12.0	フィリピン	226,846	11.1
4	フィリピン	322,046	9.4	ネパール	145,587	7.1
5	ブラジル	211,840	6.2	ブラジル	137,132	6.7
6	ネパール	176,336	5.2	インドネシア	121,507	5.9
7	インドネシア	149,101	4.4	韓国	71,454	3.5
8	ミャンマー	86,546	2.5	ミャンマー	71,188	3.5
9	台湾	64,663	1.9	タイ	36,543	1.8
10	米国	63,408	1.9	アメリカ	34,861	1.7
	総数	3,410,992	100.0	総数	2,048,675	100.0

在留外国人統計・「外国人雇用状況」の届出状況より筆者作成。
外国人労働者は公表されている国籍・地域について順位をつけた。

表 2　在留資格別の在留外国人数（2023年）

順位	在留資格	人数	%
1	永住者	891,569	26.1
2	技能実習	404,556	11.9
3	技術・人文知識・国際業務	362,346	10.6
4	留学	340,883	10.0
5	特別永住者	281,218	8.2
6	家族滞在	266,020	7.8
7	定住者	216,868	6.4
8	特定技能	208,462	6.1
9	日本人の配偶者等	148,477	4.4
10	特定活動	73,774	2.2

在留外国人統計より筆者作成。

ある。ニューカマーの来日が始まってから四〇年ほどが経ち、日本に生活基盤を持ち日本に定着した人が増えたことから、「永住者」は約四分の一を占めるようになった。「留学」や「技術・人文知識・国際業務」も増加している。表3は二〇二二年度中に卒業した留学生の進路状況である。大学（学部）や専修学校（専門課程）の場合、日本で進学する人も少なくない。また、大学（学部）の三七・六％、専修学校（専門課程）の五九・三％が日本で就職していることが分かる。二〇二二年に就職を目的とした在留資格の変更が許可された人のうち、「技術・人文知識・国際業務」が八六・三％を占めており、その数は近年二万人台で推移している[★7]［出入国在留管理庁、二〇二三］。「定住者」や「日本人の配偶者等」は、構成比だけでなく在留者数も減少している。より安定的な在留資格である「永住者」に変更した人もいる一方で、後で述べるように南米出身の日系人の減少も影響していると考えられる。「技能実習」や「特定技能」の増加についても、後で述べることにしたい。

表3　留学生の進路状況（2022年度中の卒業・修了者）（%）

	日本国内				出身国（地域）	その他
	就職	進学	その他	計		
博士課程	31.6	2.3	15.9	49.9	43.6	6.5
修士課程	29.0	20.2	12.8	62.0	35.2	2.7
大学（学部）	37.6	21.0	11.1	69.7	27.4	2.9
専修学校（専門課程）	59.3	19.3	12.8	91.4	7.8	0.8
日本語教育機関	10.6	78.3	2.5	91.4	7.9	0.7

「外国人留学生進路状況調査」より筆者作成

図2は外国人労働者の在留資格である。「留学」は資格外活動の許可を得れば働くことができるが、「活動に基づくもの」に分類される在留資格であり、その活動の中に就労は含まれていない。「技能実習」は法的には労働者であるが、後で述べるように技能や技術などを習得することが本来の目的である。そうした在留資格を持つ人が外国人労働者の約三分の一を占めていることに、違和感を覚える人もいるだろう。

梶田孝道は、二〇〇〇年代の初めに、ニューカマー来日以降の日本の外国人労働者の受け入れ政策は、「単純労働者の締め出し」と「定住化の阻止」という大前提に立って進められたと述べた〔梶田、二〇〇二、二〇頁〕。しかし、この「単純労働者の締め出し」はあくまでも建て前であった。梶田も指摘しているように、実際には日本は「バックドア」（非正規滞在者★8）や「サイドドア」（日系人、研修生・技能実習生）から単純労働者を受け入れてきたのである。以下では、具体的にどのような形で受け入れが行われてきたのかを見ていきたい。

図2　外国人労働者の在留資格（2023年）

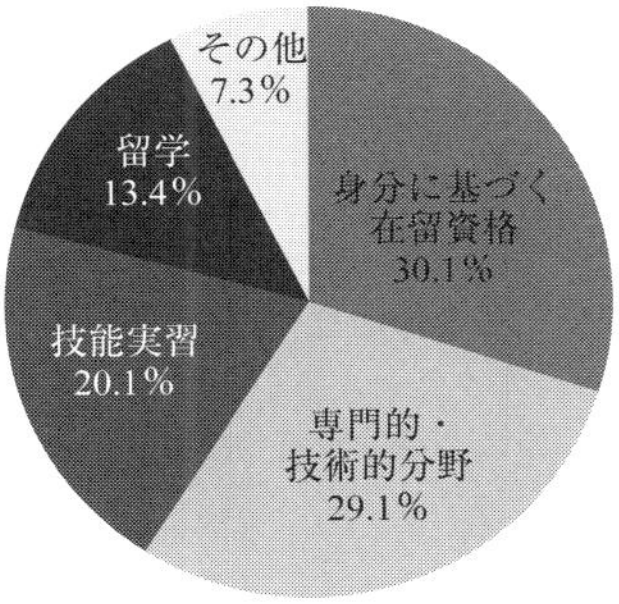

「外国人雇用状況」の届出状況より筆者作成

3―2　非正規滞在者

アジア諸国から数多く来日した非正規滞在者は、特に一九八〇年代から一九九〇年代にかけて人手不足であった日本の労働現場を支えた。二〇二三年一月一日現在の「不法残留者数」は七万四九一人であるが、最も多かった一九九〇年代半ばはその数が三〇万人近かった。長期にわたって滞在して就労する人も少なくなかった。鈴木江理子は、当局の摘発の状況なども踏まえ、「非正規滞在者が長期に日本で就労し生活することができたのは、彼／彼女らが息を潜めて隠れていたためではなく、黙認・放置ともとれる当局の実質的な対応に助けられていたと考えられる」と述べている［鈴木、二〇〇九、三三頁］。

3―3　南米出身の日系人

南米出身の日系人は、日本への「デカセギ」を斡旋するビジネスが確立したことや出身国の経済状況の悪化により、一九八〇年代後半から増加が始まる。そして、一九九〇年に改正入管法が施行され、日系三世を対象とした在留資格である「定住者」が設けられたことを契機として急増した。「定住者」や、日系一世の配偶者や日系二世に与えられる「日本人の配偶者等」は、「身分または地位に基づくもの」に含まれる在留資格である。「身分または地位に基づくもの」は就労内容に制限がなく、単純労働に従事することも可能である。特に自動車産業や電機産業などの製造業を中心に、企業は積極的に日系人を雇用した。

バブル経済の崩壊後もブラジルやペルーの在留者数は増加を続け、就労する業種の多様化も進んだ。一九九〇年代後半から二〇〇〇年代にかけての時期は、アンジェロ・イシによれば、「多くのブラジル人が「できるだけ早く帰る」ことを諦めて、「もうしばらくは日本で頑張る」という心境への変化が現れた時期」であったという［イシ、二〇二〇、五六頁］。この時期には、さらに安定した在留資格である「永住者」に変更する人も増加した。在留者数に占める「永住者」の割合は、一九九八年にブラジルは一・二%、ペルーは七・八%であったが、一〇年後の二〇〇八年にはそれぞれ三五・三%と五〇・二%へと大きく増加している。

しかし、二〇〇八年のリーマンショックは、製造業に従事する南米出身の日系人を直撃した。

★７　ただし、「特定技能」への変更は除いた数値である。
★８　移住者と連帯する全国ネットワーク（移住連）は、正規の在留資格を持たずに日本に滞在するのは行政法の範疇に属する「違反」であり、そのことを理由に「不法」とするのは不正確であることや、国際的にも「不法移民」という用語の使用をやめるようになってきていることから、「在留資格のない移民・難民を不法と呼ばず非正規や無登録と呼ぼう！」というキャンペーンを実施している。

リーマンショックの直後に行われた調査の中には、四割を超える失業率が明らかになったものもある。こうした厳しい状況のもと、ブラジルの景気回復もあって帰国を選択する人も多かった。二〇〇九年に厚生労働省が実施した「帰国支援事業」は、日系人本人とその家族に帰国費用を支給するものであったが、この制度を利用した者の日本への再入国は二〇一三年になるまで認められなかった。ブラジルやペルーの場合、他の国籍・地域と比べて在留者数の減少が長期間続くことになった。

日本に滞在する南米出身の日系人が世代を重ねる一方で、日系四世の在留資格は不十分なままであった。二〇一八年になって、日系四世に「特定活動」の在留資格を付与し日本での就労を認める制度が創設された。しかし、資格要件が厳しく在留期間の上限が五年となっていることから利用者が少なく、二〇二三年末のこの制度による在留者数はブラジルが一〇六人、ペルーが一六人である。

3―4　技能実習生

一九九三年には技能実習制度が開始された。途上国への技能移転を目的として掲げるこの制度は、実質的に外国人を単純労働に就労させることを可能にするものであった。一九九七年には「研修」が一年（在留資格は「研修」）、「技能実習」（在留資格は「特定活動」）が二年という合計して最長三年の活動が認められるようになった。

原則的に研修・技能実習を行う企業の変更（＝「転籍」）ができないことなどもあって、繊維産業などの構造的不況業種や、慢性的な人手不足と担い手の高齢化に直面していた農業などにおいて受け入れが進んだ。受け入れ期間が決まっており、企業にとって雇用の調整弁として利用しやすかったことや、賃金が日系人と比較して安価であったことなどから、二〇〇〇年代に入ると日系人から研修生・技能実習生へ雇用を切り替える動きが見られるようになった。そうした傾向は、リーマンショック後の日系人の大量帰国によってさらに強まった。

技能実習制度には二つの受け入れ方式がある。企業単独型と団体監理型である。企業単独型は、日本の企業が海外の現地法人や取引先企業などから直接受け入れる方式である。それに対して、団体監理型は、募集や事前研修は本国の送り出し機関が担当し、日本では非営利の監理団体（事業協同組合や商工会など）が受け入れ、実際の研修や実習は傘下の企業などで行う方式である。これまでの受け入れはほとんどが団体監理型であった。

技能実習制度は多くの問題が指摘されてきた。まず、労働法令の違反が非常に多いことである。具体的には、賃金や残業代の未払い、最低賃金違反、賃金からの違法な天引き、違法な時間外・休日労働、社会保険や雇用保険への未加入、労災隠しなどである。また、暴行、セクハラ、携帯電話やパスポート、通帳の取り上げ、外出の制限などの人権侵害も多発した。出身国の送り出し機関から「保証金」や「手数料」を徴収され、多額の借金を背負って来日する人も多かった。実習期間中に家族の帯同が許されていないことも、問題として挙げられている。

こうした状況を改善するために、二〇一〇年に新しい技能実習制度が施行された。それまでは一年目の「研修」の期間は労働基準法や最低賃金、労災が適用されていなかったが、三年間の「技能実習」に変更され、一年目から労働者として扱われることでこれらが適用されるようになった。在留資格「技能実習」も新設された。二〇一六年には新たに「技能実習法」が制定された。技能実習生に対する人権侵害の禁止規定と罰則が設けられ、技能実習の監督機関として外国人技能実習機構が新設された。優良な監理団体などは実習期間を最大五年まで延長することも可能になった。

しかし、技能実習をめぐる不正行為が横行する状況は、その後もなかなか改善に向かわなかった。労働基準監督署などは、労働基準関係法令の違反が疑われる実習実施者（技能実習生が在籍している事業場）に立入調査を行っているが、技能実習法が制定された後も毎年七〇％を超える違反が認められた。アメリカ国務省が毎年発行する「人身取引報告書」では、技能実習制度が「労働搾取目的の人身取引」であるとしてたびたび批判されている。また、少なからぬ技能実習生が失踪者となっており、「技能実習法」の制定後も増加傾向にあった。★9

4　受け入れ政策の転換

4―1　「特定技能」という「フロントドア」

二〇一八年の「経済財政運営と改革の基本方針」（骨太の方針）では、「真に必要な分野に着目し、移民政策とは異なるものとして、外国人材の受入れを拡大するため、新たな在留資格を創設する」ことが明記された。これを受けて年末の国会で慌ただしく審議が進められ、二〇一九年四月に在留資格「特定技能」が新設された。★10「単純労働者の締め出し」いう政策から大きく転換し、「フロントドア」からの受け入れが始まった。特定技能制度の目的は、技能実習制度とは異なり、深刻な人手不足への対策であるとされた。

「特定技能」には「特定技能一号」とそれより高い技能を持つことが必要とされる「特定技

★9　出入国在留管理庁は技能実習生の失踪者数を公表しており、コロナ禍前の二〇一九年は八七九六人であった。

★10　同じ時に法務省入国管理局を改組して出入国在留管理庁が設置されたことも、大きなできごとであった。

能二号」がある。「特定技能一号」で日本で就労できる期間は最大五年であり、期間の制限がなく家族の帯同も可能な「特定技能二号」への移行は、創設当初は一部の分野に限られていた。これを踏まえ、髙谷幸は二〇一九年に刊行された本の中で「『外国人労働者』の受け入れ方針は定住化の阻止に一本化されたともいえるだろう」と述べている［髙谷、二〇一九、一六頁］。

表4は「特定技能一号」の見込数と実際の受け入れ数である。最初の五年間は一四分野で合計三四万五一五〇人が受け入れ見込数とされた。★11 受け入れの準備が十分でない状態で制度が始まったことや、コロナ禍により海外からの受け入れがなかなか進まなかったことから、多くの分野で実際の受け入れ数が見込数を大きく下回った。出入国在留管理庁が公表した二〇二四年六月の速報値を用いて計算すると、全体での充足率は六〇・四％になる。そうした状況であるにもかかわらず、二〇二四年四月からの見込数は、厳しい人手不足に直面する業界の声に押される形でそれまでの二・四倍の八二万人に拡大され、新たに四つの分野が追加された。日本がこれからも海外の労働者に選ばれる国であり続けるのかは分からないが、受け入れの枠は急速に拡大されている。

4―2　「技能実習」から「育成就労」へ

二〇二二年から一年間にわたって「技能実習制度及び特定技能制度の在り方に関する有識者

表 4　「特定技能 1 号」の見込数と実際の受け入れ数（人）

	5年間の見込数			2024年6月速報値	充足率（%）
	2019年～	変更後	2024年～		
総数	345,150	295,400	820,000	251,594	60.4
介護分野	60,000	50,900	135,000	36,719	47.3
ビルクリーニング分野	37,000	20,000	37,000	4,635	9.5
素形材産業分野	21,500				
産業機械製造業分野	5,250	49,750(注1)	173,300	44,044	127.4
電気･電子情報関連産業分野	4,700				
建設分野	40,000	34,000	80,000	31,853	61.1
造船･舶用工業分野	13,000	11,000	36,000	8,703	57.8
自動車整備分野	7,000	6,500	10,000	2,858	36.0
航空分野	2,200	1,300	4,400	959	28.7
宿泊分野	22,000	11,200	23,000	492	1.8
農業分野	36,500	36,500	78,000	27,786	65.4
漁業分野	9,000	6,300	17,000	3,035	29.7
飲食料品製造業分野	34,000	87,200	139,000	70,202	179.7
外食業分野	53,000	30,500	53,000	20,308	25.1
自動車運送業			24,500		
鉄道			3,800		
林業			1,000		
木材産業			5,000		

出入国在留管理庁 HP「特定技能在留外国人数の公表」より筆者作成。

2023 年 6 月 9 日の閣議決定により見込数の変更が行われた。

「2024 年 6 月速報値」は外国人在留者数。

「充足率」＝「2024 年 6 月の速報値」／「2019 年から 5 年間の見込み数」× 100
（注 1）3 分野が統合され、2024 年 4 月からの名称は「工業製品製造業」である。

会議」が開かれた。最終報告書では、技能実習制度の発展的な解消と新たな制度の創設が提言された。それを踏まえて二〇二四年六月に入管法が改正され、三〇年余り続いた技能実習制度に代わるものとして、「育成就労制度」が創設されることになった。これにより、「育成就労」三年、「特定技能一号」五年、その後は期間の制限がない「特定技能二号」という単純労働者の受け入れの大枠が決まった。「特定技能二号」については、二〇二三年の段階で「介護分野」以外の一一分野全てで受け入れることが決まっている。

最大の焦点であった転籍の制限は残り、育成就労からスタートした場合には家族の帯同が八年間認められないなど、育成就労制度は技能実習制度の看板のかけかえに過ぎないのではないかという批判もなされている。また、二〇二四年六月の入管法改正では、永住権の取消の範囲が拡大された。受け入れが拡大する一方で、これからも「定住化の阻止」は形を変えて続いていくのかもしれない。

5　外国にルーツを持つ子どもたち

5―1　外国籍と日本籍

日本に住む外国人が増えるにともなって、外国にルーツを持つ子どもの数も増加している。「外国にルーツを持つ」とするのは、日本国籍を持つ子どもも含めてとらえるためである。日本人の親が国際結婚したことで日本国籍も持つ子どももいれば、日本国籍を新たに取得した親から生まれた子どももいる。二〇二四年一月一日現在の〇～一九歳の在留外国人数は、「住民基本台帳に基づく人口、人口動態及び世帯数調査」を用いると三三万二二五人であった。同じ年齢の人口に占める割合は一・三％である。先ほど計算した全年齢の割合よりも値が小さくなるのは、外国人は若い大人が多いからである。

★11　受け入れの上限数であり、人手不足が解消すれば新たな受け入れを中止・停止する措置が盛り込まれた。また、二〇二二年に「素形材産業分野」「産業機械製造業分野」「電気・電子情報関連産業分野」の三つの分野が統合され、新分野として受け入れが行われることになったため、対象分野は一二分野になった。

この数字から見えない外国にルーツを持つ子どもは、どれぐらいいるのだろうか。是川夕は、「帰化人口」や父母のいずれかが外国人である子の出生数などを用いて、「移民的背景を持つ人口」を推計している〔是川、二〇一八〕。それによれば、二〇一五年の〇～一九歳の「移民的背景を持つ人口」の割合は四・八％であった。同時点の外国人の割合は一・三％なので、外国籍の子どもの少なくとも倍以上の日本籍の子どもがいることになる。是川の推計では三世代目以上の子どもは考慮されていないので、実際にはもっと多いと言えるだろう。ちなみに、是川の論文は二〇一五年の数値をベースとした将来推計が目的である。〇～一九歳の「移民的背景を持つ人口」は、二〇三〇年には七・六％、二〇六五年には一六・〇％になるとしており、「今後、中長期的に見て欧州諸国の現在の水準とほぼ同程度のエスニシティの多様化を経験するだろう」述べている〔是川、二〇一八、二四頁〕。

そもそも、子どもの国籍はどのように決まるのであろうか。出生による国籍の取得について言えば、大きく分けて血統主義と出生地主義の二つがあり、国によって異なっている。親と同じ国籍を取得するのが血統主義であり、生まれた国の国籍を取得するのが出生地主義である。移民が多い国は出生地主義の立場を取る傾向があるが、移民の受け入れが進むにつれて血統主義の国が出生地主義の要素を取り入れていくこともある。日本は血統主義である。両親が日本人でも出生地主義を取る国で生まれた場合、子どもがその国の国籍も取得することがある。複数の国籍を持つことを重国籍と言う。近年は重国籍を認める国が増えてきているが、日本の法律では、重国籍となった時が一八歳未満であれば二〇歳に達するまでにどちらかの国籍を選ばなければいけないことなっている。

5―2　不就学の子どもたち

日本では、外国人が教育を受ける権利の対象外となっており、保護者にも子どもの就学義務が課されていない。外国人は要望すれば日本の学校に通うことができるが、新入学相当の年齢の子どもがいる家庭に送付される「就学案内」を外国人には送付しない自治体もある。教育を受ける権利が保障されていないことは、外国籍の子どもが不就学になる一因となっている。

文部科学省は二〇一九年から「外国人の子供の就学状況等調査」を実施している。最初の二〇一九年の調査では、不就学の可能性がある子どもや就学状況が確認できない子どもの合計が約二万人という結果が得られたため、二〇二〇年に「外国人の子供の就学促進及び就学状況の把握等に関する指針」を作成した。この指針では、外国籍の子どもの保護者に就学義務がないと述べつつも、市町村教育委員会に対して就学状況の把握などの取り組みを推進する必要があるとしている。

表5は二〇二三年の調査で明らかになった外国籍の子どもの就学状況である。不就学であ

ることが明らかになったのは小学校相当が〇・六％、中学校相当が〇・七％であり、小学校相当と中学校相当を合わせて一〇〇〇人近くが不就学の状況に置かれていることが分かる。「不就学」でなくても「就学」以外であれば、不就学である可能性が否定できない。「不就学」とそれらを合計すると小学校相当では七・八％、中学校相当では九・五％になり、「住民基本台帳の人数との差」と合わせると人数は一万二〇〇〇人を超える。また、「就学案内」を送付していない自治体は、小学校では二一・〇％、中学校では三八・四％である。就学状況が不明な子どもの状況把握や、不就学の子どもに対する就学促進の取り組みについては、四八・五％の自治体が特に実施していないと回答している。自治体によっては、義務教育の年齢の子どもがいなかったり少なかったりする場合もあるが、外国籍の子どもの就学に向けた取り組みはいまだ不十分な状況にあると言える。

表 5　外国籍の子どもの就学状況（2023年）

		就学		不就学	転居･出国（予定含む）	就学状況把握できず	その他	住民基本台帳の人数との差
		義務教育諸学校	外国人学校					
小学校相当	人	90,789	7,462	641	2,673	4,701	15	259
	%	85.2	7.0	0.6	2.5	4.4	0.0	0.2
中学校相当	人	36,450	3,531	329	1,160	2,498	14	173
	%	82.6	8.0	0.7	2.6	5.7	0.0	0.4

「令和 5 年度外国人の子供の就学状況等調査結果の概要」より筆者作成。
「概要」とは異なり「住民基本台帳の人数との差」を分母に入れて割合を計算した。

5―3　外国人学校

外国にルーツを持つ子どもの中には、外国人学校に通う子どももいる。表5からは、外国籍の子どもに限れば、そうした子どもの割合は小学校相当では七・〇％、中学校相当では八・〇％であることが分かる。人数は小学校と中学校を合わせると一万一〇〇〇人ほどであるが、日本籍の子どもはこの数値には含まれないので、実際にはもっと多いと考えられる。日本には様々な外国人学校がある。

日本の法律上の位置づけで言えば、「一条校」、各種学校、認可を受けていない学校の三つに分類できる。「一条校」は学校教育法第一条が規定する学校であり、日本の学校として扱われる。各種学校は学校教育法第一三四条が規定する学校であり、都道府県により洋裁学校や自動車学校、予備校などが認可されている。小島祥美は「インターナショナルスクールは一条校から無認可まであるが、ブラジル学校は一部が各種学校であとは無認可、朝鮮学校はすべて各種学校という現状である」と述べている［小島、二〇一七、一三八頁］。日本で認可を受けていなくても、外国政府により認可されている外国人学校もある。例えば、二〇二四年四月時点でブラジル教育省の認可を受けた在日ブラジル人学校は三三校であった［駐日ブラジル大使館、二〇二四］。

表6は二〇二一年の段階で文部科学省が把握している外国人学校の数である。朝鮮学校の数や生徒数は減少してきているが、それでも全国に六四校ある。一条校はインターナショナルス

クールだけでなく韓国学校もある。認可を受けていない学校を網羅的に把握することは難しい。しかし、少なくとも二二五校の外国人学校が設立されており、様々な背景を持つ子どもたちを受け入れている。各種学校や認可を受けていない学校の場合、学校運営の負担が特に財政面において大きく、それによって保護者の負担も大きいことも述べておきたい。

表6　外国人学校数

一条校		8
各種学校	英語系	38
	欧州系	4
	南米系	15
	中華系	5
	韓国系	2
	朝鮮系	64
	小計	128
無認可施設		89以上
合計		225以上

外国人学校の保健衛生環境に係る有識者会議の会議資料と最終とりまとめから筆者作成。

5—4　日本の学校で学ぶ

先ほど表5で見たように、外国籍を持つ子どものほとんどが日本の学校に通っている。外国にルーツを持つを持つ子どもたちは、日本の学校で様々な困難に直面する。そうした困難は、日本で生まれたか否かによっても異なるし、外国で生まれた場合は何歳の時に日本にやってきたのかによっても異なる。また、日本にやってきた経緯や家庭環境なども子どもによって異なれば、通う学校に自分と同じような状況に置かれた子どもが多い場合もあれば少ない場合もある。学校で自分が持つ背景を大切にされ、自信を持って学校に通うことができる環境を整えることがまずは重要であるが、学校が取り組むべき課題は数多くある。

学習を進めていく上では日本語の習得が必要になる。文部科学省は一九九一年から「日本語指導が必要な児童生徒の受入状況等に関する調査」を実施している。この調査があくまでも公立学校に通う子どもたちの調査である点には留意する必要がある。二〇二三年の調査では、日本語指導が必要な児童生徒数は六万九一二三人であり、二年前の前回調査より一八・三％増加している。そのうち、外国籍は五万七七一八人、日本籍は一万一四〇五人であった。この調査は重国籍の子どもを日本籍として数えることになっているが、日本籍だけを持つ場合であっても日本語を習得する機会が十分でない子どもは少なくない。図３は二〇〇八年からの推移であり、この一〇年間で急増していることが分かる。

母語別の構成比は、中国語が一九・九％、ポルトガル語が一八・二％、フィリピノ語が一六・一％、日本語が八・九％などであった。ポルトガル語やスペイン語は横這いであるが、それ以外の言語は増加する傾向にある。日本語が母語であるにもかかわらず指導が必要であるということは、ダブルリミテッドの可能性が考えられる。ダブルリミテッドとは、複数の言語を使用する環境においてどちらの言語も十分に修得できていない状態のことを言う。日本語指導が必要な子どもがいる学校のうち、四人未満の学校が六九・一％を占めている。日本語指導が必要な子どもが一定数いる場合は、教員の加配を行うといった制度的な対応が可能であるが、少数しかいない場合は問題が深刻になりがちである。

「日本語指導が必要な児童生徒の受入状況等に関する調査」では、卒業後の進路についても質問している。高校の中退率は、生徒全体が一・一％であるのに対して、日本語指導が必要な生徒は八・五％とかなり高くなっている。高校卒業後については、大学等への進学率が生徒全体が七五・〇％であるのに対して、日本語指導が必要な生徒は四六・六％とかなり低い。就職者における非正規就職率は、生徒全体が三・一％であるのに対して、日本語指導が必要な生徒は三八・六％であり、頑張って

図３　公立学校における日本語指導が必要な児童生徒数の推移

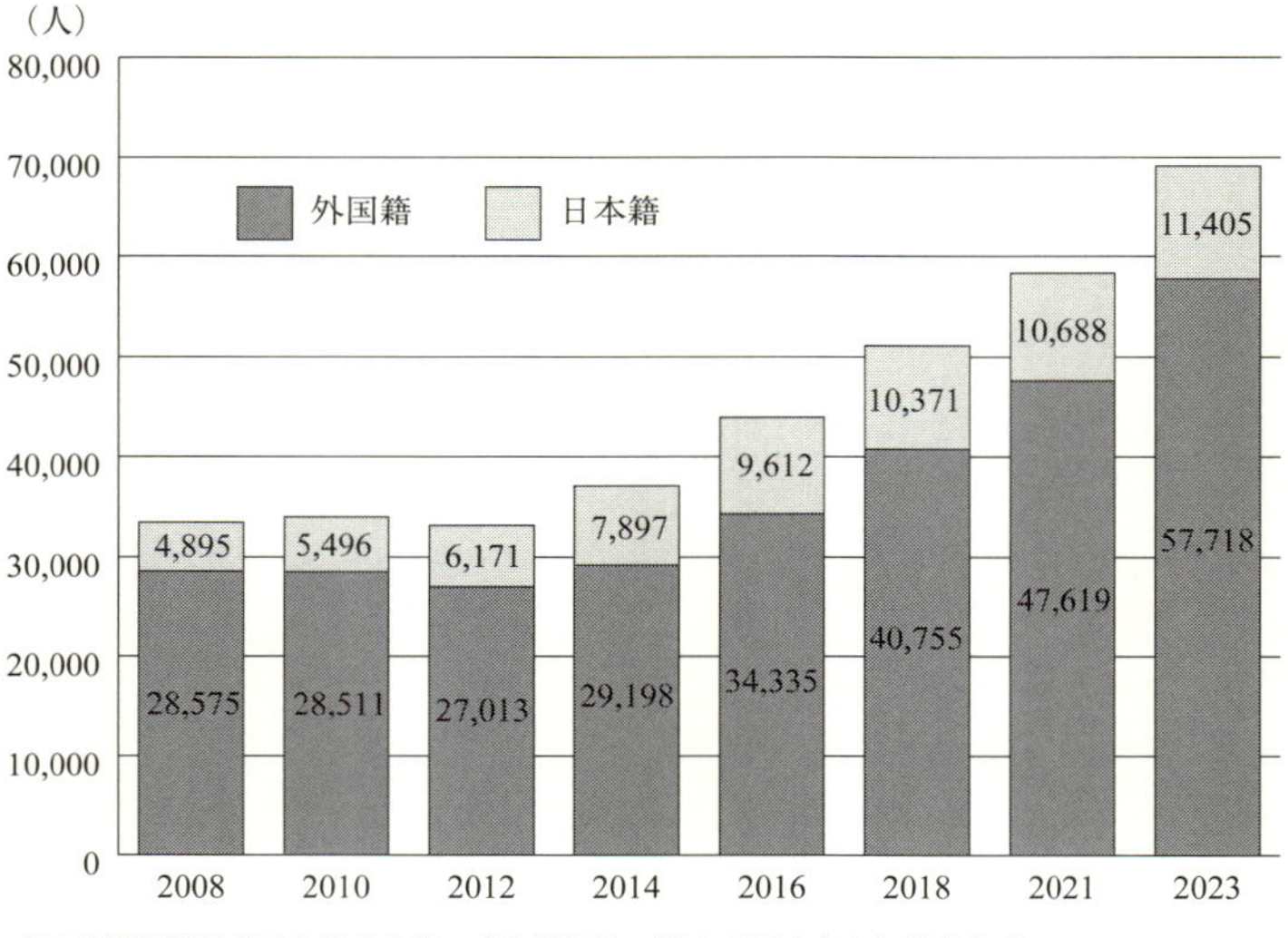

「日本語指導が必要な児童生徒の受入状況等に関する調査」より筆者作成

卒業までこぎつけたとしても厳しい状況が待っている。

6　これからの学びに向けて

ここまで、日本の外国人労働者の受け入れと外国にルーツを持つ子どもたちが置かれた状況について述べてきた。人手不足が叫ばれる中、日本は外国人労働者の受け入れを急ピッチで進めようとしている。しかし、果たして海外から働きに来る人は順調に増えていくだろうか。日本は欧米や中東の国々、近隣の国では韓国や台湾と労働者を奪い合う関係にある。日本で技能実習生として働いて帰国した人にベトナムで数年前に話を聞いたが、その人の兄は台湾で長く働き故郷で親と一緒に住むための家を建てた。「特定技能二号」の受け入れ分野の拡大は、これまで維持し続けてきた「定住化の阻止」からの転換をもたらすかもしれないが、その一方で日本は永住権を持っていても安心して住めない国になってしまった。この原稿を書いている時点からすると、育成就労制度が始まるのは二年以上先のことである。もしこの章を読んで関心を持った人がいたら、現状を調べてみてほしい。

ニューカマーの来日から四〇年が経つ。スポーツや芸能界などで活躍する人が増えていることからも分かるように、来日が始まった初期の頃に子どもだった人は大人として日本社会を担う年齢になっている。外国にルーツを持つ子どもたちの不就学がマスコミなどで最初に取り上げられたのは二〇〇〇年頃であったが、外国籍の子どもを網羅的に調べる「外国人の子供の就学状況等調査」が行われたのは二〇一九年であった。外国にルーツを持つ子どもにとっても日本はあまり優しい国ではない。この章を読んでいる人の中には、外国にルーツを持つ人やその友人もいると思うが、日本で教育を受けてきて何かがおかしいと思っていたならば、この章を入口として調べてみてほしい。当事者として研究者になった人も徐々に増えてきている。

冒頭で述べたように、日本社会は多様な「エスニシティ」の人々によって構成されている。アイヌ民族や在日コリアン、難民、中国帰国者など、この章で取り上げることができなかった人たちについても、関心を持ってほしいと考えている。

参考文献

防衛省、二〇一三、「在日米軍人等の施設・区域内外における居住者数について」、防衛省ホームページ（国立国会図書館）、（二〇二四年一一月六日取得、https://warp.da.ndl.go.jp/info:ndljp/pid/11347003/www.mod.go.jp/j/press/news/2013/12/20d.html）

駐日ブラジル大使館、二〇二四、「ブラジル教育省認可校」（二〇二四年一一月六日取得、https://www.gov.br/mre/pt-br/embaixada-toquio/escolas-brasileiras/30e930eb65980b277018a8d53ef6821）

月刊イオ編集部編、二〇二二、『新版　日本の中の外国人学校』明石書店

樋口直人・稲葉奈々子、二〇二三、『ニューカマーの世代交代――日本における移民2世の時代』明石書店

移住者と連帯する全国ネットワーク、二〇二三、「在留資格のない移民・難民を不法と呼ばず非正規や無登録と呼ぼう！」（二〇二四年一一月六日取得、https://migrants.jp/news/others/230601.html）

イシ，アンジェロ、二〇二〇、「ブラジル人」小林真生編『変容する移民コミュニティ――時間・空間・階層』明石書店、五四―六五頁

梶田孝道、二〇〇二、「日本の外国人労働政策」梶田孝道・宮島喬編『国際化する日本社会』東京大学出版会、一五―四五頁

梶田孝道・丹野清人・樋口直人、二〇〇五、『顔の見えない定住化――日系ブラジル人と国家・市場、移民ネットワーク』名古屋大学出版会

樽松佐一、二〇一七、『外国人実習生「SNS相談室」より——ニッポン最暗黒労働事情』風媒社
小島祥美、二〇二二、「社会で「見えない」不就学の外国人の子どもたち」荒牧重人ほか編『外国人の子ども白書（第二版）』明石書店、一三六—一三八頁
是川夕、二〇一八、「日本における国際人口移動転換とその中長期的展望——日本特殊論を超えて」『移民政策研究』第一〇号、一三—二八頁
盛山和夫、二〇一七、「社会学とは何か」盛山和夫・金明秀・佐藤哲彦・難波功士『社会学入門』ミネルヴァ書房、一—一六頁
出入国在留管理庁、二〇二三、「令和四年における留学生の日本企業等への就職状況について」（二〇二四年一一月九日取得、https://www.moj.go.jp/isa/content/001407655.pdf）
鈴木江理子、二〇〇九、『日本で働く非正規滞在者——彼らは「好ましくない外国人労働者」なのか？』明石書店
髙谷幸、二〇一九、「移民社会の現実を踏まえて」髙谷幸編『移民政策とは何か——日本の現実から考える』人文書院、七—二四頁
田巻松雄・吉富志津代編、二〇二四、『多様な学びの場をつくる——外国につながる学習者たちの教育から考える』明石書店

第5章　「自己責任」を社会問題として考える

「女性ユニオンW」で活動を続ける女性たち

仁井田典子

1　個人的なことは社会的なことでもある

大学に入学したばかりの一年生の必修授業で、「これまでに学校や社会のルールで嫌な思いをしたり疑問に思ったりしたことはないか?」「それはどのようなルールで、どのような場面で、どのように思ったのか?」についてたずねた。すると、そのなかの多くの人たちから聞かれたのは、高校の校則に関するもので「髪形をツーブロックにすること」「髪を染めること」「ピアスをつけること」「スカートを短くすること」「化粧をすること」などが禁止されていることであった。ある学生は、髪形を「ツーブロックにするのがなぜだめなのか」と高校の先生に質問をしたところ、「校則だから」「事件に巻き込まれる可能性があるから」などと言われ、「到底納得することができなかった」という。校則についてはこのほかにも、携帯電話の使用や防寒対策などについて事細かにルールが設定されており、それらを一律に順守するよう求められることに疑問を感じていたという声が多くきかれた。もちろん、彼らのなかには校則があまりない学校に通っている人もいるし、「ルールを守るのが当たり前だと思っている」といった意見の人もいるのでひとくくりにはできないが、高校生のなかで一定数の人たちが、こうした疑問を抱えながら学校生活を送ってきたと言えるのではなかろうか。

このように、日常生活を送るなかで同じ属性の人たちは、同じような経験をしている。にもかかわらず、自分と同じような立場におかれている人たちが自分と同じようなことを、思ったり考えたりしているのではないかと想像してみることは、それほど容易なことではないのかもしれない。

日本社会がいかに個人化の傾向が強い社会であるのかということを示す、ある新聞記事をとり上げたい。記事によれば、福岡県警鉄道警察隊（鉄警隊）が実施した痴漢被害に関するアンケート（女性二〇七九人、男性九六〇人が回答、回答者は県内在住が大半で、七割以上が一〇―二〇歳代）で、被害に遭っても警察や駅員に通報していない人が約九割に上り、通報や相談をしなかった理由として「被害に遭った方が悪いと言われると感じたから」が挙がっている『読売新聞』二〇二一年一一月二日朝刊」。この場合、被害に遭ったのは「自己責任」だと言われてしまうことから、被害に遭っても声をあげることができなかったとみることができよう。このように、被害に遭った人たちは、自己責任のために自分が受けた被害を共有することができなかったり、精神的な余裕のなさから自分と同じような悩みを抱える他者の存在を想像することが難しかったりする状況におかれてしまうのである。

また、近年では生まれた家庭環境によって人生が決まってしまうことを指す「親ガチャ」という言葉が広く使われている。生まれた家庭環境によって人生が左右されてしまうのは今に始まったことではないが、こうした言葉が近年広く使われているのは、教育や福祉といった社会的な対応の「弱さ」によって生じた問題であることが忘却され、生まれた家庭環境が人生の選択に大きな影響を及ぼすにもかかわらず、選択の結果がその個人に帰責されてしまうからである。このようにして、「社会が対処すべき問題」は、「個人が対処すべき問題」へと置き換えられているのである。

第2章でも述べたように、社会問題とは「当該社会の成員が「社会問題である」とクレイムを申し立てる主観的な活動によって始まり、社会における人々の主観がせめぎ合って構成される」と、社会問題の構築主義アプローチでは定義されている［キッセ&スペクター、一九九〇］。ある問題が自己責任（個人で対応すべき問題）なのか、社会問題（社会が対応すべき問題）なのかは、客観的に決まっていることではなく、誰かの主観的なクレイム申し立てによって、社会問題として構成されるか否かというせめぎ合いが始まるのである。いかに個人化されやすい状況にあっても、個人化に抗って社会的な問題として捉え直していくことは可能である。

2 個人化に抗うコミュニティ・ユニオン

コミュニティ・ユニオンとは、就業先や就業形態や国籍などにかかわりなく、いつでも誰でも加入できる個人加盟の労働組合のことである。コミュニティ・ユニオンには、零細・小規模企業など労働組合を持たない企業で働く正規雇用者や、企業内労働組合への加入資格を持たない非正規雇用者などが、自ら労働問題を抱えて集まってくる［文ほか、二〇一九］。コミュニティ・ユニオンは、そこに集まってきた人たちを組合員として、それぞれの抱える労働問題に対して労働組合というひとつの組織において対処を行う。言い換えれば、コミュニティ・ユニオンは個人が抱える問題に対して組織として抗うものと言うことができよう。

他方で、コミュニティ・ユニオンは財政的に不安定な組織でもある。コミュニティ・ユニオンの活動は、有給の専従職員のほかは、組合員の無償ボランティアにより担われていることも少なくない。無償ボランティアとして活動する組合員たちは、かつてコミュニティ・ユニオンを介して労使個別紛争を経験した人、労使個別紛争が現在進行中の人、もしくは、労使個別紛争に備えて組合に加入した人たちである。コミュニティ・ユニオンの収入は、毎月組合員によって納められる会費（＝組合費）、それぞれの組合員が自らの労働争議を終えた際に得た金銭の一部を寄付金として納めるもののほか、上部団体を持つ組織の場合にはそこから活動費が支給される場合もあるが、それがない組織も少なからず存在する。

また、コミュニティ・ユニオンは組織的に脆弱な場合も多くみられる。なぜなら、組合員の多くは自らの労働問題への対処が終わると組合員を辞めてしまうからである。それは、企業別労働組合のように加入し続けなければならない組織ではないことや、コミュニティ・ユニオンで活動し続けたとしても、自らの職場の労働環境や労働条件の向上といった直接的な個人の利益につながるわけではないことが大きくかかわっている。それゆえに、組合員の出入りも頻繁にあり、そのことが組織的な脆弱性につながっていると言えよう。

このようにコミュニティ・ユニオンは、個人化に抗う活動を行っている組織ではありながらも、組合員となった人たちが自らの労働問題への対処を終えた後もかかわり続けたとしても、金銭的な見返りを得られないだけでなく、そこでの活動が自らの就業環境や労働条件の向上に直接的につながっていくわけでもない。にもかかわらず、自らの労働問題への対処を終えてからも組合員としてコミュニティ・ユニオンにかかわり続けている人たちがみられる。こうした人たちは、大畑裕嗣の言うように、「個人化に晒された諸個人が、どのようにしたら「集まる」ことができ、運動に関わる個々人がどのように生きていくかを見出すことに重点をおく」［大畑、二〇〇四、一八三―一八四頁］「既存の「社会運動」概念ではとらえきれないような人びとの集まり」［大畑、一九九四、二八六頁］としてとらえることができるだろう。

3　序列づけができないよう配慮し合う女性組合員たち

本章では、女性ユニオンWにおいて、自らの労働争議が終わってからも活動に積極的にかかわり続ける二人の女性（仮名：小林菜々子さん、松川知里さん）へのインタビュー調査によって得られた生活史[★1]を用いる。ここでは、女性ユニオンWがどのような規範を持つ集まりなのかについてみていきたい。

多くのコミュニティ・ユニオンは性別にかかわりなく組織化されているが、彼女たちがかかわり続ける女性ユニオンWは、女性のみを対象としたコミュニティ・ユニオンである。少し古い資料にはなるが、小谷幸［二〇一三］によれば、女性を対象としたコミュニティ・ユニオンは全国に七か所あるという。それらは、①既存の一般労組からの展開、②ドメスティック・バイオレンス、離婚相談、性被害相談のような多方面にわたる女性の相談に当たっている市民運動団体が、労働相談の多さに対応するために労働組合の機能を備えるようになったもの、③裁判を起こした原告を支える会を中心に結成されたものの三つに分類される［小谷、二〇一三、一三三―一三四頁］。「女性ユニオンＷ」は既存の一般労組から派生して、女性のみのコミュニティ・ユニオンが立ち上げられたことから①にあたるものの、既存の一般労組とのつながりはほとんどなく、他の女性労働者を支援する団体とのつながりを重視した活動を行っている。

女性ユニオンＷは首都圏に所在し、二〇〇名程度の組合員が所属しており、有償の専従職員一名のほか、組合員の無償ボランティアにより活動が担われており、常時二〇人程度の組合員が活動に参加している、きわめて自助グループ的な組織であると言えよう。[★2] また、組合員の会費が主な収入源であるものの、自らの労働問題への対処を終えると辞めてしまう人が多く、新

★１　生活史とは、ある特定の個人によって語られたインタビューや書かれた資料（日記・自伝・手紙・家計簿）などにもとづいて、個人の経験や生涯を再構成する手法である［桜井、二〇〇二］。

しく入ってくる組合員が多いわけではない。それゆえに、財政的には不安定で組織的には非常に脆弱である。にもかかわらず、女性ユニオンWには自らの労働問題への対処を終えてからも、積極的にかかわり続ける女性たちが少なからずいるのはなぜなのだろうか。

女性ユニオンWには、活動する際に組合員が守らなければならない規範が存在する。役員をしている組合員を役職名で呼ぶことや、組合員のなかに弁護士や大学教員などの職業に就いている人がいたとしても、そうした組合員を「先生」と呼ぶことは禁止されている。[★3] また、女性ユニオンWが主催するイベントといった組合員の女性たちが集まる場面においては、毎回のように「話し合いのルール」を全体で共有する時間が持たれる。「話し合いのルール」[★4] とは、①誰かが話をしているときに私語をしない、②人の話を途中で遮らない、③一人一回の発言につき三分までとするの三つである。それが守られない場合には、組合員同士で互いに注意し合う。女性ユニオンWにおいてこれらの規範が存在するのは、組織内での序列づけができてしまわないようにするための配慮であると言える。この点について女性ユニオンWの組合員で役員経験者のある女性は、会社での人間関係が先輩や後輩、上司といった「上下関係」によってかたちづくられているのに対し、女性ユニオンWにおける組合員同士は「対等」であることから、会社の人間関係では「味わえない」「居心地のよさ」を感じるのだと語る〔二〇〇九年九月三日、東京都二三区内の喫茶店でのインタビュー〕。

４　女性ユニオンＷにかかわり続ける女性たちの生活史

第４節では、女性ユニオンＷにかかわり続ける女性たちそれぞれが、どのような人生経験を経て女性ユニオンＷと出会ったのか、また、自らが抱える労働や生活における問題とのかかわりのなかで、女性ユニオンＷでの活動をどのように意味づけているのかについてみていく。

★２　組合員数、有償の専従職員については、筆者が女性ユニオンＷにかかわり始めた二〇〇九年頃の状況であり、現在とは異なる。

★３　組合員同士は互いに名字に「さん」づけで呼び合うか、親しみを込めて下の名前に「さん」づけで呼ばれたり名字に「ちゃん」づけされたりと、組合員同士によって様々である。

★４　そもそも女性ユニオンＷに「話し合いのルール」が存在するのは、組合員同士の集まりにおいて組合員の女性たちが積極的に自らの意見を述べようとするためであると考えられる。

4―1　小林菜々子さんの事例

小林菜々子さん[★5]（一九六四年生まれ）は、子どものころから環境問題に関心を持ち、大学で化学を学びたいと思って高校卒業後（一九八二年）から二年間は大学受験浪人をしたが、大学へ進学できなかった。そこで彼女は、仕事に就くために専門学校で数か月間コンピューター・プログラミングを学び、二一歳のとき（一九八五年）にコンピューター会社に就職する。

向学心はあったんだけど、親が暴力的で勉強ができる雰囲気じゃなかったわけ。だから二年間浪人したんだけど、大学に進学できなくって。このままじゃだめだから、とりあえず社会人になって。三年ぐらい経って、二四歳のときに結婚して、すぐ離婚したよ。その男〔＝元夫〕って、働いてるけど金銭感覚ゼロの人だったの。「〔お酒を〕飲んでゲームセンターで遊んでっていう生活を毎日続けてたら金がなくなるんだ」ってことをずっと言ってた。

小林さんは、離婚を機にコンピューター会社の社員から派遣労働に転職すると同時に、働いてお金を貯めながら再び大学進学を目指すことにする。

そのころ〔＝一九八〇年代後半〕は派遣も時給が高かったから、プログラマーとかインストラクターとかオペレーターの仕事で、九か月間は派遣で働いてお金を貯めて、三か月間は受験勉強をするっていう生活を三年やったの。〔中略〕結婚はこりごりだから同棲にしとこうって思って。〔同棲相手の男性は〕「ボーカルの学校に行ってる」とか言ってたな。「CD買ったりしてると金がなくなっちゃう」と言っていた。

彼女は二七歳のとき〔一九九一年〕に私立大学夜間部に入学する。そのころには別の男性と同棲を始めていたが、その男性は突然部屋から荷物をひきあげて蒸発する。その後、彼女は大学を卒業し、一九九五年に同大学の大学院へ進学する。

すごく勉強できるのがうれしくって。それで勉強にはまってて。いろんな先生と進路とか学問の話とかしてたら、「君の学問に対する欲求は、大学院みたいな専門性のあるところに行って学ばないと満たされないと思うよ」って言われて、それで大学院を受験したの。

★5　小林さんへのインタビューは、二〇〇九年九月八日に首都圏にある喫茶店で行った。

大学院に通い始めた小林さんは、新たに出会った年下の男性[★6]と同棲生活を始めており、この男性も彼女の収入に頼って生活をしていた。

私って両親が殴る人で、妹がいるでしょ。だから「しっかりしなくちゃ」みたいな意識がものすごく強いわけ。この「しっかりしなくちゃ」っていうところに、ヒモが「この女にたかりついとけば、自分は何もしなくてもこの女が何とかしてくれる」みたいなにおいを感じとってやってくるの。私もそこで「そんな彼なら捨てちゃえば」って切り替えられればいいんだけど、子どもを産んで家族とか持ってみたいし、子どもを育てるときには絶対にうちの両親とは違う方向でいたいし。そこがまた、ダメな男を引き受けちゃうポイントになってるわけよ。

小林さんによれば、これまで彼女が家計にお金を入れてくれない男性ばかりと結婚・同棲を繰り返してきたのは、両親からの暴力を受けて育つなかで、「しっかりしなくちゃ」という意識を強く持っていることや、「子どもを産んで家族とか持ってみたい」という一般的なジェンダー規範にのっとった考え方が関係していると言う。また、ここで彼女の言う「両親とは違う方向」とは、自分の子どもに肉体的な暴力を振るわないことを指している。

大学院において指導教授から指導を受ける機会を与えられず悩んでいた彼女は、大学の最寄り駅で街頭カンパを集めていた女性ユニオンＷに出会い、かかわりを持つようになる。

大学院進学にあたって、どの〔指導〕教授を選ぼうかってときに、父親とか母親が殴る人だったから、その延長線上っていうか、権威主義的なものを選ぶというのが抜けきれなかったの。その先生は授業に対するスタンスが権威主義だから、「どこそこのお偉いさん」って呼ばれることの方が学校の授業よりも大事なわけよ。だから〔学部のときに〕その集まりが毎回水曜日にあるらしくて、「それと二部〔＝夜間部〕の授業が重なったんだ」とか言って、三回に一回は休講してたの。〔中略〕〔大学院では〕その先生は毎年一人ずつ生贄を選んで、無視したりいじめたりして、「こういうふうになりたくなかったら、一生懸命学問しろよ」って。「卒業論文の出来が悪い」って私を生贄に選んだの。私は大学院でい

★６　小林さんとこの男性とのあいだに婚姻関係はないものの、この男性に頼まれて彼の父親が脳溢血で倒れたときに泊まり込みで看病に行ったと語っていることから、事実婚の関係にあったことがうかがえる。

じめられて鬱々としてたので、学問に対する熱意とか、そういうのばっかりじゃだめだよねって思ってた時期だったの。〔街頭カンパで女性ユニオンWの〕ビラをもらって、ユニオンで活動して、一人でも入れる労働組合があるんだなってことに気がついて。そもそも私は「働かざる者食うべからず」っていう意識がすんごい強い人だったから。父親が「誰の金で食べさせてもらってると思ってるんだ」って言って殴るじゃん。だから女も経済力つけないと殴られるんだっていうのを、うちの母親をみて嫌っていうほど知ってるわけ。

小林さんは、大学院の指導教授から指導を受けられないでいる要因を、両親から暴力を受けて育ったという子ども時代の生育環境と結びつけており、自身が「権威主義的なものを選ぶというのが抜けきらなかった」ためだと語っている。

一九九六年、三二歳のときに彼女は大学院を中退した。もともと公害問題に関心を持っていた彼女は「公害のことにかかわる仕事がしたい」と産業廃棄物の処理工場で働き始めたが、「腰痛に悩まされ」て半年で退職する。そこで彼女は、過去に就業経験のあるコンピューター関連の仕事へ転職することにする。

中学生時代からの夢の仕事に就いて念願叶ったってうかれてたのに、その夢がたったの半年で破れちゃったわけよ。でも、「働かなきゃいけないし」っていう気持ちがあるから、元のコンピューター関係の仕事で飯食っていこうと思って勤めるんだけど、「君を半年雇ってみたけど期待と違った」って言われてここがクビになり、ここもクビになりっていうのを五回繰り返すのね。もう完全に鬱だから、やる気っていうか覇気がないのよ。うちに帰ればヒモがいるしっていう感じの八方塞がりのなかで「とにかく仕事しなくちゃ」って気持ちだけはあるわけよ。★7 それで会社側と団交して解決金を受け取って、次〔の職場〕に移るわけ。〔そのうちに〕もうこのコンピュータースキルでは金にならないことがわかったので、何か資格を取って新しいものにチャレンジしなくちゃ、自分の就職の道なんて開けないんだって思って。職業訓練校に行ってる一か月半の間に、資格になって働いていけそうなものが〔日商〕簿記二級だったの。それがあれば、何とか仕事にはなるんじゃないかと思って。その資格を取って税理事務所に入ったの。〔税理事務所では〕「本を読んで感想を書いて」とか頼まれて、ホームページを充実させることが仕事の一部だったの。でも、普通の人が一日で終えられることが私には二日かかっちゃうわけ。それで〔税理事務所の所長から〕「こんな効率の悪い人間はいらない」って言われて。

三〇代半ばになった小林さんは、鬱状態で働き続けることができなくなったことから、同棲相手の男性に代わりに働いて生活に必要な収入を得るよう求めた。

薬を減らさないとこのままじゃあ子どもを産めないと思って、病気になったのはこの男のせいでもあるんだから、この男に稼いで養ってもらおうって思って。でも、その男はヒモだから、仕事のことと か社会のことと かすごくなめてたの。その人は本が好きで、編集の仕事がしたかったの。三か月働いて、就業規則通りに残業代を計算すると一〇〇万ぐらいになったので、女性ユニオンWで団交したら、七〇万円ぐらい残業代が取れたの。それで味をしめちゃって、残業代未払いを請求すれば大金が転がってくるみたいな感じで思ってたの。〔その後転職して勤めた〕二つ目の会社は、専門業務型裁量労働制を採用していて、残業代を払わないようなやり方をきちんととってたの。で、金がとれるあてが外れて。それで私はガンガンに怒って「私は絶対に働かない」って言って。この男をヒモじゃなくすためには、私が働いちゃあいけないんだって思って。「私は生活が苦しいときは、アルバイトを二つでも三つでも掛け持ちしてたから、あなたもそうすれば?」って言って、〔彼は〕昼は警備員をやって、夜は牛丼チェーン店でバイトをしてたの。

同棲相手の男性が賃労働に就いて、小林さんが家にいて家事をしながら療養をする生活が二

★7

小林さんによれば、彼女が「とにかく仕事しなくちゃ」と精神的に追い込まれていったのは、この頃彼女がかかりつけにしていた精神科医の彼女に対する次のような発言が大きくかかわっているという。

〔精神科医の先生は〕あなたはアダルトチルドレンだから何でも頑張らなくちゃって思うの。旦那さん〔＝同棲相手の男性〕は当てになるし、あなたのことをとても愛している。だから、君は仕事を辞めて子どもを育ててのんびりすることが必要なんだって〔言った〕。この先生が眠らせてくれるかもって思って、〔先生は仕事を辞めて子どもを産めって言ってたけど〕私は子どもを産むんだったら、ちゃんとした仕事に就いて、スキルを積んで、その世界でやっていける自信がついてから子どもを産むんだって、頭の中にすりこんじゃったわけ。ましてや〔同棲相手の男性は〕ヒモだし。

同棲相手の男性が出て行った後、彼女はこの精神科医の下へ行き、「私は今まで被害者の側だったんですよ。あんたなんて二次加害者のくせに」と吐き捨ててこの精神科医と「縁を切った」と語る。

年弱続いた。その間、彼は生活に必要な収入を十分に得ることができなかったことから、足りない分を彼女名義のクレジットカードで補填した。次第に彼女名義のクレジットカードの負債が膨らみ、生活が立ち行かなくなったことから、彼は彼女に多額の借金を残して一方的に同棲を解消する。

夫〔＝同棲相手の男性〕は蒸発するし、〔同棲相手の男性の〕実家まで行って修羅場をしてくるし、自己破産はするし、引っ越しはするし、生活保護は受けるしっていう感じで、一か月くらいの間にそれが全部続いてるから。さらに、ダメパートナーたち〔と一緒に暮らしたことによる精神〕の疲労が積み重なってるわけよ。それで〔医師から〕「過労です。無気力の状態になります」って診断されて。最初のころは、「この先私の人生どうなっちゃうんだろう」みたいな、いても立ってもいられない気持ちだったんだけど、それが何か月か経ったら、今度は何もできないっていう状態に変わっちゃったの。テレビがついているんだけど、何の番組やってるのか理解できない。理解する集中力がないわけ。本とか読もうと思っても、一行目を何回読んでも頭に入ってこないの。夕食をつくるために「立ち上がんなくちゃ」って思うんだけど立ち上がれないし、お風呂なんか一週間に一回しか入らないし。〔医師から〕「〔無気力の状態が〕最低でも半年続きます」って言われて、結局一年くらい

続いた……。★8

同棲相手の男性が小林さんの下を去って以降、彼女は生活保護を受けながら療養を続けるとともに、女性ユニオンWにかかわりを持ち続けた。彼女は、女性ユニオンWとかかわりのあるアメリカの労働組合の活動家たちがつくった、労働者のエンパワーメントを目的とした参加型のワークショップに参加した。その場でアメリカから来た活動家からワークショップを教授された彼女は、その翌年に自らがファシリテーターとなって日本人に向けたワークショップを開催することになった。

〔再度〕アメリカからやってきた人たちが私のことをみて、「彼女は一番変わった」って言ってくれたの。「エンパワーメントされた一人前の女性になった」ってすごくほめてくれたの。周りの人からも、「よかったよかった」ってほめてもらえて。それにすごくエンパワーメントされて。「私の人生ってなんて間違ってたんだろう」って気がついて。「働かざる者食うべからず」みたいな意識もとれて、「男のパートナーを選んで子どもを産まなきゃいけない」みたいなものからも解放されて、今まで自分で自分を縛ってた鎖みたいなものから解き放たれて。〔それまでは〕家族は人間じゃなきゃ、男じゃなきゃみたいに思ってたんだけど、この子たち〔＝飼っている二匹の猫〕が家族じゃん、子どもじゃん、この子たちがいれば幸せじゃないかって思えて。〔このワークショップでの出来事のおかげで〕私のジュラ紀が終わって、類人猿の話が始まって、これから進化かなみたいな。だから〔これからは〕手に職もなく働くんじゃなくって、資格を身につけて社会復帰していきましょうって……。

ワークショップで「エンパワーメントされた」と語る小林さんは、そののち社会保険労務士の国家資格を取得する。彼女は、これまでの女性ユニオンWでの組合活動の経験や、社会保険労務士としての知識を活かして、女性ユニオンWの機関紙や自らのブログにおいて、労働問題にかかわる記事を執筆している。

小林さんは女性ユニオンWとのかかわりについて次のように意味づけている。

★8　闘病中の小林さんは、夜に開催されることの多い女性ユニオンWの団体交渉への参加は睡眠の妨げにつながることから、「かかりつけ医から禁止」されている。そうしたなかで、彼女は女性ユニオンWの機関紙や自らのブログにおける労働問題にかかわる記事の執筆のほか、女性ユニオンWの会計係や新人オリエンテーションの担当、夜のミーティング参加者のための夕食づくりなどを自ら率先して行ってきた。

〔小林さんが会計係になる以前は〕簿記の資格とか、経理の経験とか全然ない人がなってたの。それからめぼしい人がいなくなって、「私がユニオンの会計やろうか」って言って引き継いだ……。今の組合の納入状況どうなってるのかとか、半年間の決算出してねとか、そういうことが頼めるのは私になってからなの。〔中略〕そういうことから立ち直り始めて。新人オリエンテーションは、担当が決まってなかったから、「私がやるよ」って言って、古いまま使ってたマニュアルを「それもやり直すよ」って言って作り直して。あと〔夜のミーティング参加者のための〕夕食づくりは、「人間一人でいるのとおなかがすいてるのが一番いけない」っていうのがモットーだからするようになって。

会計係については、「そういうことが頼めるのは私になってからなの」と語っていることから、ユニオンでの活動のなかで簿記の資格保有者であるというこれまでの自らの就業経験を活かせることが、彼女自身の「立ち直り」につながっていると意味づけていることがうかがえる。また、新人オリエンテーションの担当や夕食づくりについては、自らの考えにもとづいて活動に工夫を凝らしていこうと行っていることがうかがえる。

職場を転々としたことだってさ、ユニオンで団交してなかったら何がいけなかったんだろうとか、私がいけなかったんだろうかと思って、気持ちを切り替えて次に転職しようとも思えなかったと思うし。エンパワーメントされたあのワークショップの企画は、ユニオンにいなければ出会えなかったものだから、あれがなかったらいまだに「働かざる者食うべからず」とか「男と結婚して子どもを産める期間があと何年」とか考えたりしてたと思うよ。〔中略〕ちょっと前の私って、今の〔女性ユニオンWの組合員である〕○○さんみたいな感じなんだよね。ワーキングプアの罠にはまっちゃって、働いても働いてもちゃんとした収入が得られぬって感じだけど、一生懸命じゃん。何とかして食べていこうとして働くし、何とかして学問続けようと思って学校行ってるし、何とかして気晴らしがしたいと思って、ユニオンにも来るじゃん。〔中略〕女性ユニオンWは、困った女性が相談に来るところで、なくなったら女性が相談する場所がなくて困るから、自分のできる範囲で支えていこうって思ってる。

小林さんは、組合員の○○さんのおかれた現在の状況と過去の自分とを重ね、組合員の○○さんのことを自分の延長線上にいる対等な存在として捉えており、○○さんを含めた「困った女性の相談」を「自分のできる範囲で支えていこう」と語る。このように彼女の語りからは、困難に直面している他者を支えることによって、自分の経験を意味づけ直し、自己責任として自分を責めることから自己を解放していったのである。

4―2　松川知里さんの事例

松川知里さん[★9]（一九六二年生まれ）は、看護師として働く母親が彼女と弟を養ってきたが、母親が病気がちで働けない時期もあったため、あまり豊かではなかった。母親から「女が自立して一人で食べていくには、教員か看護婦しかない」と言われたことが「頭にこびりついていた」。彼女は「おっちょこちょいで早とちりしちゃう」ところのある自分には「看護師になって人様の命を預かるのは無理」だと思ったことから、教員を目指すことにする。

松川さんは高等学校卒業後、「働きながら大学へ進学できる制度を持つ」大手百貨店へ就職し、入社の翌年に都内有名私立大学の夜間部に入学する。大学では、教員免許を取得するのに必要な単位を取得したほか、サークル活動にも参加してパートナーとなる男性と知り合う。

二二歳のとき（一九八四年）に大学も辞めたし、会社も辞めちゃったんですよ。母親が病気で倒れて介護が必要になって、働き続けることができなくなって、学費も払えなくなって、大学四年の途中で除籍[★10]……。〔その後は〕派遣とアルバイトとパート、非正規雇用を繰り返していたという感じです。鞄問屋に派遣されたとき、まだ若かったこともあって「ここに就職してくれないか？」と言われたんだけど、そのとき親の具合が悪くて、入退院を繰り返すような感じだったんですよ。当時は人手不足の会社では派遣社員で穴埋めをする感じで。家庭の事情などで時間的な配慮をしてくれるので、都合がよかったということもあります。「今こういう状態で五時間しか働けない」ことになると、「じゃあそれでもいいよ」っていう感じで。〔会社としては〕「どうしても働いて欲しい」っていうのがあったので。アルバイトでその前に働いていたところの時給が六五〇円だったのに、そこは一五〇〇円出してたの。派遣先のほうから切られることも滅多になかったので。〔中略〕当時は、世の中に派遣の危険性みたいなものは、あんまり浸透してなかったっていうか、世の中の人たちにはそういう声が届いてなかった。で、一介の労働者の私にもわからなかった。

母親の介護のために正規雇用者として働き続けることができなくなった松川さんは、学費を払えなくなって、いったん大学を辞めざるを得なくなった。加えて、パートナーの男性とは、大学在学中から一緒に生活していたが、男性はアルバイトとして働いており、二人で働いて生活を成り立たせていたことから、彼女自身も働いて収入を得る必要があった。そこで彼女は、パートナーに手助けをしてもらい、母親の介護をしながら派遣労働者として働くことにする。これ以降の彼女は「非正規雇用を繰り返してた」と語るように、非正規雇用者として働き続けてきた。

松川さんは、なぜ母親の介護を引き受けることになったのかについて特に語っていない。正規雇用の仕事を辞めて派遣労働者として働き始めた理由については、「時間的な配慮をしてくれるので、都合がよかった」と話していることから、母親の介護のためであることがうかがえる。彼女が非正規雇用者として働き始めた一九八〇年代半ばから九〇年代初めにかけては、「人手不足」「派遣先の方から切られることもなかった」と彼女は語っている。このことから、当時は非正規雇用での雇用が豊富にあり、派遣労働者として働くことに特に抵抗を感じていなかったものと理解できる。加えて、「派遣の危険性みたいなものは、〔中略〕一介の労働者の私にもわからなかった」と語っており、自らが非正規雇用者として働き続けることを選択して

★9 松川さんへのインタビューは、二〇〇九年九月一日に当時の女性ユニオンWの事務所で行った。

★10 松川さんはその二年後に大学に復学し、卒業した。

きた結果として、その後何度も仕事を失うことに結びついたと意味づけていることがうかがえる。しかしながら、介護保険制度のなかった当時の状況において、松川さんが自ら母親の介護を引き受けたのは、「一般的に女性が介護を担う存在であるとみなされていた」社会規範＝ジェンダー規範によるものだと考えられる。

一九八〇年代後半、松川さんがアルバイトとして働いていた学習塾で一斉解雇が行われ、彼女も解雇される。

会社の方から全員解雇みたいな話になってしまって。私の上司が「みんなを集めて組合をつくりましょう」みたいな感じになって、みんなで抵抗しようとしました。総評の人に相談しに行ったら、〔解雇されることを見越して自宅で学習塾を始めた人がいたことから〕「競業避止義務違反にとられるから組合はできません」って言われてしまって。でも「このまま解雇になるのは嫌だ」っていうことで、団体交渉権はないけれども、会社が応じるんだったら「不当に辞めさせられるのは嫌だっていうのを〔会社側に〕突きつけてみたらどうか」っていうことになって、公民館とか〔の会議室〕を借りて五、六回集まって話し合いました。そのなかにいた年配の元教員だった女性から呼び出されて「あなたは若いから、これからいろんな生き方ができるけど、私は組合なんかやってクビになったら、もう人を教える仕事に就けないと思うのよね。男性だったら塾の講師になるとか道はあるだろうけど、もう私にはこれしかないから、私は会社に残る道を選ばせてもらいます」って言われて。彼女から言われたことをそのまんま〔会社側に解雇撤回を求める集まりで〕話したら、「裏切り者！」って〔反応が〕くるかと思ったけど「中高年の女性にはそういうこともあるんだね」っていう感じで……。そのときに、女性労働の深刻さっていうのと組合活動とのギャップみたいなものがあるんだなって気がつきましたね。

一九九六年、新聞で女性ユニオンＷ結成の情報を得て結成大会に参加した松川さんは、「職場で労働者が使用者側に立ち向かっていくための方法を学ぼう」と思い、女性ユニオンＷに加入する。当時、出版社の契約社員として働いていた彼女は、「技術革新や編集部の地方移転による大幅な人員削減」を目の当たりにしていた。

簡単に解雇されていく人たちをみて、こんな簡単に女性が、ぼんぼんクビになっていいのかっていう感じはあった。自分の雇用が切実な問題になり始めそうで、この先どうしたらいいだろうっていうときに、ちょうど女性ユニオンＷができて。解雇されていく人たちに、「闘う方法があるんだよ」っていうことを伝えて、組合とかできたらなって思ったんですよ。〔組合の〕つくり方とか、ノウハウを教えてもらえると思って〔加入した〕。〔中略〕〔職場で〕クビになった人たちと一緒にご飯食べに行ったりして、組合の話なんかもして〔加入するよう〕誘ったんだけど、零細企業だったし、生活に余裕のない人が多くて。解雇撤回闘争なんかをやるよりは、食べていくための仕事があるんだったらそれを探して、「来週から行くことになったよ」とか、そんな感じで、全然女性ユニオンWには来ませんでしたね。そのうち、ユニオンに入っていることが社長にバレてね、社長は〔松川さんのことを〕簡単には解雇できないって思ったみたい。女性上司が社長にいじめられてたのをみてたから、彼女に「こういうとこ〔＝女性ユニオン〕あるから相談に行ってみたら？」みたいにリーフレットをみせて女性ユニオンWに相談に行くことを勧めたんだけど、そのことを上司が社長に言っちゃったのかなあ。〔以前は女性上司と〕仲が良かったんだけど、「編集部を地方に移転させて〔編集部の従業員を〕一人しか残さない」っていう話になったら、その女性上司が豹変して「松川さんを辞めさせてほしい」とか言い出して〔結局、女性上司が会社に残ることになった〕。どうしてその人がクビにならなかったかっていうのは、本人が「来週、マンションを社長とみに行くんだ」って言ってたから、社長が〔女性上司に〕マンションを買ってあげたってことなんじゃないかな。

ここでの松川さんの語りは、それ以前の語りとは異なり「こんな簡単に女性が、ぼんぼんクビになっていいのか」「自分の雇用が切実な問題になり始めそうで、この先どうしたらいいだろう」と、非正規雇用者として働く自らの雇用に不安を感じ始めていることがうかがえる。また、当時既に女性ユニオンWの組合員だった松川さんが「誘ったんだけど（中略）女性ユニオンWには来ませんでしたね」と語っていることからは、彼女自身は、解雇された（もしくは解雇されそうな状態にある）職場の人たちと一緒に解雇撤回を求めて闘いたいという思いを持っていたが、誰もそれに応じてくれず、孤立してしまっていたことがうかがえる。このとき使用者側は、労働者たちの解雇時期をずらすことによって、解雇された労働者同士の団結を回避しようとした。そのため、松川さんがそうした労働者たちを「女性ユニオン」に加入して一緒に使用者側と交渉しようと誘っても、それに賛同する人はいなかった。それに加えて、彼女はこうした職場における大量解雇のなかで、かつては「仲が良かった」女性上司との関係が雇用をめぐって分断されるということも経験している。彼女は一九九八年に出版社を解雇されたのち、解雇撤回を求めて労働争議を行い、仮処分裁判における金銭和解により労働争議を終えた。

松川さんは労働争議をしていたのと同時期に、女性ユニオンWの労働者派遣法改正の反対運動に参加したことで、彼女のなかで労働組合に対する関心がより高まっていった。

ユニオンに入ったときには、団体交渉とかで「社長さんとかを相手に、私が偉そうな口なんかきけるわけないわ」みたいに思ってたの。だけど、そのあと自分の〔争議〕があって、団体交渉大好き人間になっちゃった。わりと同じぐらいの年齢の人たちがいっぱいいたので、その人たちの団交を相互乗り入れって感じでやってたの。そこではまって、それから「団交大好きの松川さん」とか言われるようになっちゃって。〔ユニオンの事務所には〕半年以上は毎日通ってお手伝いしたりしていましたね。そのとき派遣法の一九九九年の改正があったので、〔派遣労働が〕自由化されちゃうっていうことで、その運動がこのユニオンのなかでも盛り上がって。自由化させたら、もう女性の雇用は劣化させられちゃって、女性が正社員で就職できないような社会になっちゃうんだっていう感じで、セクハラの被害者の人も、すっごく頑張って、国会の前で座り込みとかいろいろやった。替え歌とかつくって歌ったりして。あの頃の女性ユニオンWは注目を浴びてて、どこに行っても女性ユニオンWのピンク色の旗があるみたいな感じで、ものすごく盛り上げてた……。

このように松川さんは、自らの労働争議や労働者派遣法「改悪」の反対運動に自ら積極的にかかわっていくうちに「団体交渉大好き人間」になり、女性ユニオンWの活動に深くかかわるようになっていった。それは、「団交を相互乗り入れって感じでやってた」と彼女が語るように、それまでは同じ職場で働く人たちに「一緒に交渉しよう」と誘っても賛同する人がいなかったのとは対照的に、女性ユニオンWでは一緒に闘う仲間を得られたと認識していることが大きくかかわっていると言えよう。それにより彼女は、自分の抱える労働問題が自分だけの問題ではなく、自分と同じ立場で働く女性に共通する問題であるとより強く認識することにつながったのである。

二〇〇〇年に松川さんは女性ユニオンWの副委員長になり、組合活動を積極的に行いながら出版業界で派遣労働者として働いた。

会社に泥棒が入って警察の人が来て調べて。〔会社の人が〕「でも、派遣の人に直接話を聞けないんだよね」とかなんとか言ってて、そしたらすぐ雇止めになって。何があったんだかよくわかんないんだけど、なんか釈然としない。あと、早く帰らされてたので、規定通りのお給料をもらえてないっていうことに腹が立った。〔当時〕派遣の苦情〔の問い合わせ先〕はハローワークだったんで、ハローワークに行って、労基署に行って、苦情を言いまくって指導を求めて、そのあと会社に団体交渉を申し入れた。

この一件について彼女は、派遣労働者の雇止め自体は違法ではないものの、雇用者側に対して争う姿勢をとった。その理由としては、彼女が「規定通りのお給料をもらえてない」ことに以前から苛立ちを感じていたことに加えて、泥棒であると疑われたことが、雇止めにされた原因なのではないかと推測していることが挙げられている。言い換えれば、派遣労働者であるために使用者側から平然と違法な扱いを受けたり、職場で蚊帳の外におかれてしまったりしたことに対する苛立ちが、彼女が使用者側と争う姿勢をとる引き金となったとみることができよう。

その後も松川さんは、組合活動に積極的にかかわりながら、出版業界で派遣労働者として働き続けた。別の就業先では長時間労働を求められ、「仕事を失いたくない」との思いから体の不調を抱えながら働くなかで、組合活動に「参加したくても参加できない」ことをストレスに感じていた。

団体交渉も初回しか出られないで、二回目から残業で出られないとか、そんな感じで、あんまりユニオン活動ができなくなった……。で、なんかいつも具合が悪くて、帯状疱疹になったり椎間板ヘルニアになったりして。それでも休むとクビを切られちゃうと思って休めない。「何で休まないで行ってんの?」とか周りに言われて、「でも、仕事を失いたくないしな」とか言ってて……。

そうしたなかで、女性ユニオンWの専従職員から組合の仕事を「交代したい」との要請を受けた松川さんは、二〇〇六年に女性ユニオンWの有給の専従職員となる。専従職員として働く彼女は、機関紙の編集作業や団体交渉、ビラ配りなどの活動に特に積極的にかかわっていた。その後、体調不良により専従職員を辞めてからも、労働者を支援する活動にかかわり続けている。

5　自己責任を社会問題へと転換する

これまで本章では、個人化が進行するなかにあって、個人化に抗って人とのつながりをみいだすことを目的とした運動を行っているコミュニティ・ユニオンにかかわり続ける女性たちについてみてきた。

小林さんは、生活費を入れてくれない男性と結婚や同棲を続け、彼女が鬱状態で働けなくなり、のちに男性から一方的に関係を解消されたことから、その後は生活保護を受給しながら単身で療養生活を送ってきた。彼女は自らがそのような状況に至ったのは、親から虐待を受け、父親が母親に対して「誰に食べさせてもらってるんだ」と言って、妻を服従させるような家庭で育ったことが大きく影響していると述べる。そのために彼女は「権威主義的なもの」に惹かれたり、「働かざる者食うべからず」といった思いを強く持ったりするようになったという。これらが、家計にお金を入れてくれない「ヒモ」の男性を自ら選択することにつながり、加えて「子どもを産んで家族とか持ってみたい」といった一般的なジェンダー規範に後押しされたことで、鬱状態になりながらも「自分をがんじがらめにして働いていた」過去と自らの経験を意味づけている。

彼女は女性ユニオンWにかかわりを持つなかで、あるワークショップに参加して「エンパワーメント」されたことをきっかけに、「権威主義的なもの」に惹かれたり、「働かざる者食うべからず」といった思いを強く持ったりすることから解放され、病気の療養をしながら二匹の猫と暮らす現在の自分を、肯定的に受け入れることができるようになったのだと語る。そして、「自分をがんじがらめにして働いていた」かつての自分と、女性ユニオンWで出会ったある組合員の女性とを重ね、この女性のことを過去の自分の延長線上に位置づけている。そして「困った女性の相談」を「自分のできる範囲で支えていこう」と語り、個人化に抗って自己の経験を意味づけ直し、自己責任として自分を責めることから自己を解放していく様子をみてとることができた。

松川さんは、介護保険制度が存在しないなかで、母親に「介護が必要」となり、介護をしながら正規雇用者として働くことはできないことから、転職して非正規雇用者として働き続けてきた。彼女は非正規雇用者として雇止めや解雇を何度も経験するなかで、派遣労働のしくみの問題点を十分に理解できていなかったために、自ら正規雇用の仕事を辞める選択をしたのだと意味づけていた。彼女は雇止めや解雇のほかにも、同じ立場で働く女性たちと問題意識を共有することができずに「裏切り」に遭い、非正規雇用者であるがゆえに蚊帳の外におかれてしまうといった経験をしてきた。けれども、女性ユニオンWなどにおける労働組合の活動において、互いの労働問題への対処や労働者派遣法改正の反対運動に共にかかわっていくなかで、他の組合員の女性たちのことを、問題意識を共有することのできる仲間だと認識することができるようになった。それにより、以前よりも一層、女性ユニオンWの活動にのめりこむようになっていったのである。

このようにかつて彼女たちは、自らの人生経験において直面した様々な困難を、自らの人生の選択の結果である（＝自己責任）と認識していたものの、女性ユニオンWなどにおける労働組合活動を通して、自分と同じような社会的な立場におかれている労働者（特に女性）たちに共感し、対等な仲間としてのつながりを持つなかで、自分や自分と同じような立場におかれた女性たち個人を責めるのではなく、自分たちに共通する社会的な問題として意味づけることが可能になったのだと言える。

ロベール・カステルは、何らかの原因で個人または集団が社会（就業・福祉・教育・地域社会・人間関係など）から排除されている状態にあることを「社会的排除」と呼んだ［カステル、二〇一五］。小林さんの場合は、鬱状態になって就業から排除され、同棲する男性といった人間関係からも排除された。松川さんの場合は、非正規雇用者として就業を続けるうちに、何度も仕事を失うといったように、就業から排除されるだけでなく、同じ職場で働く人たちと問題意識を共有することができず、人間関係からも排除されていたと言える。

コミュニティ・ユニオンには、就業だけでなく様々な社会的場面で社会的排除の状態におかれ、それらが複合的に絡み合った様々な問題に自分で対処できなくなった人たちが集まってくる。にもかかわらず、そうした問題を抱えている人たちのなかで、コミュニティ・ユニオンに辿りつくのはごく一部で、多くの人たちは自らが抱える困難を自己責任であると認識し、自分自身を責めることで、さらに深刻な困難を抱え込んでいくのである。

社会的排除の状態におかれている多くの人たちは、R・カステルが指摘しているように「就業・福祉・教育・地域社会・人間関係など」から排除されており［カステル、二〇一五］、そのために、自らが抱えている問題は、自己責任で対処すべき個人的な問題だと思い込まされてしまうのである。これら自己責任化されやすい問題を社会的な課題へと転換していくためには、社会的排除を被っている女性たちが経験した生活史を丹念にたどり、彼女たちの声にならない声を聴き、個人化社会に抗い、社会問題として構成していくといった、社会学的研究を積み重ねていくことが必要であると筆者は考える。

参考文献

Castel, Robert. 2009, *La montée des incertitudes : travail, protections, statut de l'individu*, Seuil（＝二〇一五、北垣徹訳『社会喪失の時代――プレカリテの社会学』明石書店）

小谷幸、二〇一三『個人加盟ユニオンの社会学――「東京管理職ユニオン」と「女性ユニオン東京」（一九九三年〜二〇〇二年）』御茶の水書房

文貞實ほか、二〇一九『コミュニティ・ユニオン――社会をつくる労働運動』松籟社

大畑裕嗣、一九九四「関わりについて――韓国での日記から」社会運動論研究会編『社会運動の現代的位相』成文堂、二六七―二八八頁

――、二〇〇四「モダニティの変容と社会運動」曽良中清司ほか編著『社会運動という公共空間――理論と方法のフロンティア』成文堂、一五六―一八九頁

Spector, M. & J. I. Kitsuse. 1977, Constructing Social Problems, Cummings Publishing Company.（＝一九九〇、村上直之・中河伸俊・鮎川潤・森俊太訳『社会問題の構築――ラベリング理論をこえて』マルジュ社）

桜井厚、二〇〇二『インタビューの社会学――ライフストーリーの聞き方』せりか書房

『読売新聞』、二〇二一年一一月二日朝刊「「被害にあった方が悪い…と言われると」痴漢被害者九割が通報せず、泣き寝入りの実態」

第6章　現代日本のホームドラマからゲイの表象を考える

「きのう何食べた?」をめぐるメディアと消費の社会学

河口和也

1　テレビが映し出す性的マイノリティの表象

一面では、カミングアウトすることはセクシュアリティを可視化することであると言われる。たとえば、一九六〇年代後半から七〇年代以降、アメリカ合衆国のゲイ解放運動などの文脈では、カミングアウトがひとつの戦略的な実践としてみなされてきた経緯がある。もちろん時期的には異なるものの、東アジア圏でもそうした側面は存在してきたといえる。日本においても、九〇年代以降、運動・コミュニティ・文化・制度などの領域で、「性的マイノリティ」の存在が可視的になり、近年では「LGBT」という言葉で社会に広く流通するようになってきている。こうした流れのなか、近年、文化的な視覚表象としてホームドラマの領域でもクィアの表象が生み出されてきている。そうした傾向は二〇一〇年代以降、加速しているようだ。

一九九三年秋に放映された『同窓会』は、（男性）同性愛を真正面からテーマとして取り上げた日本テレビ系列制作によるテレビドラマだ。放送時間帯は、夜一〇時からの一時間で、この時間帯には、「新宿二丁目」も閑散とするといわれるほど、当時のゲイのあいだでは人気を博したドラマであった。ゲイ男性のあいだで話題になっていただけでなく、最高視聴率が二〇・四％に至ったということから、当時の一般視聴者においてもかなりの程度視聴されていたことがわかる。『同窓会』の人気と高視聴率に当て込んだのかどうかはさだかではないが、一九九九年に同じく日本テレビ系列で、つかこうへい原作のドラマ『ロマンス』が放映されている。このドラマは、新人ジャーナリストと水泳選手による男性同士の恋愛を取り上げていたが、初回の視聴率こそ一一・九％（最高値）を記録したものの、その後視聴率は一桁台の後半で推移した。その意味では、『同窓会』の人気を超えるものとはならなかった。［河口、二〇二二、四頁］

性的マイノリティのなかで、「性同一性障害」を扱ったドラマとしては、二〇〇一年から二〇〇二年にかけて放映された『三年B組金八先生　第六シリーズ』を記憶する人は多いだろう。上戸彩が演じる鶴本直という生徒が「性同一性障害」であると思われるということが中心になり、性同一性障害をめぐってドラマのストーリーが展開されていく。設定としては中学二年生の役柄であったので、当時の社会では、「性同一性障害」の診断を下すことが可能であったが、ドラマのなかでは鶴本直が「性同一性障害」の診断は受けていなかった。ストーリーのなかで、自らの性別について悩んでいることを教師や他の生徒たちにも告げたことが描き出されており、その意味で当時としては画期的な作品であった。このドラマにより「性同一性障害」という言葉や考え方が、社会のなかに一定程度知られるきっかけにもなったともいえる。［河口、二〇一二、四頁］

二〇〇〇年代においては、ホームドラマのなかでも、性的マイノリティの役柄が登場したり、性的マイノリティを扱ったものがなかったわけではない。しかし、その取り上げ方として、性的マイノリティがメインテーマとして制作されるものはなく、ドラマの役柄のひとりとして、ストーリー展開にとっての「添え物」程度で配置されるようなものがほとんどであった。

二〇〇八年四月から六月にかけて、フジテレビ系列で『ラストフレンズ』が放映された（夜一〇時からの放映）。このドラマでは、当時、社会的にも出来しつつあったシェアハウスが舞台となっており、その住人たちの人間模様を中心としてストーリーは展開していった。シェアハウスの住人のひとり、上野樹里が演じる岸本瑠可が自分の性別に対して悩んでいるという設定になっている。平均視聴率は一七・七％であり、かなり高い数値をはじき出していたといえる。

最終回にはこのドラマの最高視聴率である二二・八％を記録するまでにいたった。高視聴率の要因としては、当時トレンドになりつつあったシェアハウス、それも若者たちが集まって住んでいる場所が舞台であり、主演が長澤まさみ、助演に上野樹里、瑛太、錦戸亮らが出演していたこともあったであろう。〔河口、二〇二二、四頁〕

二〇〇〇年代には、『ラストフレンズ』のほかに、性的マイノリティ関連では目立った作品はとくにない。そして、一九九〇年代の『同窓会』のような真正面から性的マイノリティをテーマとするドラマが再び画面に登場するのは、二〇一〇年代後半になる。

二〇一五年以降には、日本のテレビドラマのなかでも、性的マイノリティをメインテーマとして取り上げるものが急激に増加した。そのなかでももっとも注目され、多くの視聴者を得たドラマは、テレビ朝日制作の『おっさんずラブ』である。二〇一六年の年末に『年の瀬恋愛ドラマ　第三夜』として試験的に関東地域など一部で放映された単発ドラマがもととなり、二〇一八年に第一シリーズ、二〇一九年に第二シリーズが制作され、さらに映画版としても上映された。放送時間は、土曜深夜の〇時四〇分から一時間という「土曜ドラマ」枠であった。そうした深夜時間帯であるにもかかわらず、第一シリーズでは平均視聴率四・〇％、最高視聴率は最終回の五・七％と健闘していた。第二シリーズでは、前シリーズでかなりの認知度があったためか、初回から最高視聴率の五・八％を記録し、その後は三％から五％のあいだを維持していた〔河口、二〇二一、四―五頁〕。この背景として、森本智子が「第六、七話（最終話）の放送時、作品タイトルがTwitterの世界トレンド一位を獲得したことに象徴されるように、このドラマを盛り上げたのは一貫してSNSである」というように、視聴者による「視聴熱」の高さは、インターネットに支えられている部分が大きかったのであろう〔森本、二〇一九、三三頁〕。台湾では、日本のドラマが正式にテレビ放送されていないときでも、日本の番組をリアルタイムで視聴できるウェブサイトや機器などを経由して視聴し、そのドラマに関してネット上に「ＬＩＶＥ文」というスレッドが作られるという。『おっさんずラブ』についても、こうしたファン層が厚く形成され、スレッド上での書き込みを通じたコミュニケーションが行われていたようだ。その後、動画共有サイト「愛奇藝」が放送権を獲得し、さらに日本番組専門チャンネル「緯来日本台」で放送が開始された〔張、二〇一九、八〇―八一頁〕。このように、とくに二〇一〇年代以降のドラマでは、国内の視聴層のみならず、海外でも話題を集め、なかにはインターネットを通じて「熱い視聴層」のみならず世界的な広がりをもった「厚い視聴層」を形成していくものもあった。

ＮＨＫ制作のドラマ『弟の夫』は、もともと田亀源五郎による同名の漫画作品が原作になっている。このドラマは、カナダに住んでいて亡くなった日本人ゲイの弟のパートナー（カナダ人男性）が、日本に住む双子の兄に会いにきて、その兄の一人娘も含めて、日本で生活するあいだのエピソードを中心にストーリーが展開されていくというものである。カナダでは現実に同性婚が認められており、その正式なパートナーであれば「夫」と呼ばれることも不思議ではない。そうした「親族」に匹敵するキャラクターではあるものの、カナダ人という異文化性、またセクシュアリティの面でも「ゲイ」という「異質性」が日常生活という空間において、どのように立ち現れてくるのかが描き出されており、まさにホームドラマ的作品といってもよい。二〇一八年三月にNHKBSの「プレミアムドラマ」の枠で土曜の夜一〇時から一時間、全三回で放送され、その後地上波でも放送された。［河口、二〇二一、五頁］

ホームドラマというジャンル自体、家族や家庭の日常の出来事をそのテーマとして取り上げるものであり、さらにそうした視覚表象がドラマとして放映される時間帯は、プライムタイムであることが多いことから表象あるいは描写のうえでの制約もある。しかし、そうした反面、幅広いオーディエンス層に対して大きな影響力をもっているとも思われる。

本章では、このようなホームドラマのジャンルにおけるゲイの表象を取り上げ、そのなかでいかに「家庭性（domesticity）」というものが表象されるのか／されないのか、またそうした「家庭性」は既存の規範（たとえばヘテロノーマティヴィティ）を超える可能性をもつのか／もたないのかを考察してみたい。

2 「家庭性」とセクシュアリティ、クィア

近代社会は「公的領域」と「私的領域」を作り出し、資本制の発展とともに、それを生産の領域と再生産の領域に分割し、それぞれ「男」と「女」の領域に振り分けた。すなわち、ジェンダーによる領域化が行われたのである。資本制発展にともなって形成された中間階層の女性たちは、「主婦」という形で、女性化された領域、つまり私的領域の管理主体となっていった。この管理主体は、子どもの養育と男性配偶者のケアという労働力の再生産にあたり、間接的に資本制を支える役割を担うことになる。

ここ三〇年のあいだで、英語圏のゲイ研究の研究者らは、ゲイの出会い、社会的ネットワーク、アイデンティティやコミュニティを構造化するなかで、バー、バスハウス、公園、トイレ、路上など公的領域であり、また商業的な空間の重要性に注目してきた。しかしながら、男性同士、あるいはゲイ同士が社会的および性的な関係性を築いていく機会に関して、家庭内空間の重要性や役割を探究した研究者たちはおそらく少なかったのではないだろうか。

こうしたなか、ある種の例外として考えられるのが、ジョージ・チョウンシー（George Chauncey）による『ゲイ・ニューヨーク』という研究である。この研究では、一九〇〇年以降

のニューヨーク、マンハッタンやブルックリンの下宿屋、住居付きホテル、ＹＭＣＡなどが、多くの労働者階級の男性たちが婚姻関係外で性的接触を追求するための自律した場所であったことを明らかにしている。歴史家のなかには、アパートや住まいでのパーティが多くのアメリカの都市に住むゲイ男性の社交の方法であったと述べる人もいる［Chauncey, 1994］。

家庭内空間へ注目が集まらなかった理由のひとつは、一九七〇年代以降の解放主義的な運動のエートスからレズビアン／ゲイ研究が生まれてきたことがあげられる。ゲイ解放のポリティクスは、その中心部分において可視性のポリティクスが支配的であり、そのために公の場で見える存在になることを重視し、強調することも多かった。その反面、私的領域に目が向けられることがあまりなく、さらに「私秘性」は否定的なものとみなされることもあったのだった。このような状況は、運動の中で「クローゼットから出て、ストリートへ」というスローガンが中心的に展開されたことによっても示されている。

他方で、クィア理論やクィア研究の研究者は、「家庭性」を同化と関連づけようとする傾向があった。たとえば、一九九八年の「セックス・イン・パブリック」という論文で、ローラン・バーラント（Lauren Berlant）とマイケル・ワーナー（Michael Warner）は、「親密性の諸制度――おもに婚姻と家族――」を優先することを通じたレズビアン／ゲイの生活とポリティクスにおける「規範化・正常化（normalization）」と「私化（privatization）」を批判する［Berlant and Warner, 1998］。

また、リサ・デュガン（Lisa Duggan）は、「新しいホモノーマティヴィティ」という言葉で、「支配的なヘテロノーマティヴな主張や制度に対して異議申し立てるのではなく、それらを支持し、持続させ、他方で解体されたゲイ組織の可能性と家庭性と消費に結びつけられ、私秘化し、脱政治化されたゲイ文化を約束するポリティクス」を指し示している［Duggan, 2003: 50］。つまり、ここでは、オルタナティヴな家庭的配置が可視化していっても、異性愛体制の理想形であるヘテロノーマティヴィティは、「好ましいもの（desirable）」として特権化されつづけていることが示されている。ドメスティック・パートナーシップは、多くの国で同性同士による関係性を、婚姻ではないにせよ法的に承認する役割を果たしているが、とはいえ、これによって「婚姻」の優位性を消し去ることはできないままである。日本のいくつかの自治体で近年策定されている（同性）パートナーシップ宣誓制度では、婚姻の「代替」にも、ましてや婚姻制度そのものの「消去」にいたるはずもない。

さらに、ワーナー［一九九九］は公的領域と私的領域が単純に二元論で片付けられる類のものではないことを主張する。たとえば、「本が私的に公刊される（Books can be published privately.）」「公会堂［誰もが来る劇場］は民間による事業である（a public theatre can be a private enterprise.）」「私的な生活について公に議論される（a private life can be discussed publicly.）」などなどの言い方を例示している。かれは、このような表現の事例をひとつのパラドックスとみなして、マスメディアによって媒介されるセックスの表象として非家庭的な空間で行われる性行為から現行の社会が脅威を受けたり、それを恐れたりするという。「公的空間でのセックス（public sex）」は一般に公的な領域に属するが、隔離されて隠れた場所で行われるかぎりにおいては私的領域にも属する。そして、どのようなセックスであっても、究極的には親密なものであり、私的なつながりである。セックスワークは、現金が介在するものであるなら公的な領域に属するが、同時に、私的なやりとりによるものでもある［Warner, 1999: 173］。このようにして見ると、公的領域と私的領域とは完全に分かたれ、それぞれが隔絶した領域ではないことがわかる。

その実際の例として、「バワーズ対ハードウィック裁判（Bowers vs Hardwick）」がある。この裁判で下された判決を「バワーズ判決」という。これは、一九八二年にアトランタ在住のマイケル・ハードウィックという男性がもうひとりの男性とアパート内で性行為を行っていたのを、捜査のために踏み込んできた警官に発見され、逮捕されたことから始まった裁判に対してなされた判決であった。一九八二年当時は、ジョージア州でも生殖と関係のない性行為を処罰するソドミー法が存在しており、同性同士の性行為も禁止されていた。実際には、捜査に入った警官は捜査令状をもっていなかったことから、検察は起訴を取りやめたものの、捜索された側のハードウィックがジョージア州のソドミー法が、同意に基づく同性愛行為を禁止し、処罰することは違憲であるとして、プライヴァシーの権利に基づいて提訴したことからこの裁判は始まったのである。この裁判は、三年間にわたり続けられ、連邦最高裁で審議されるに至った。最高裁は、「プライヴァシー権として保護される基本的な権利は、伝統に深く根ざす家族の価値観を体現するものに限定される」という論理を展開し、同性間の性行為を犯罪として処罰するジョージア州法は連邦憲法に違反しないとされてしまった。この判決からは、私的な領域で行われた性行為は、公的権力の介入により、必ずしも私的な行為として扱われないことが示されている。

ヘテロノーマティヴィティは、どのような種類の親密性が公的か私的かを規定するだけでなく、家庭という私的な領域内部の親密性の経験や表現をも規制（規定）しているという主張を、バーラントとワーナー（Berlant and Warner）は支持している。バーラントとワーナーは、親密性それ自体は公的に媒介され、交渉され、したがって私的な事柄ではないと主張する［Berlant and Warner, 1998: 553］。そして、ヘテロノーマティヴィティは、異性愛／同性愛にかかわらず双方の親密性の私的および公的関係を統制している。その結果、ゲイ男性は自分たちが営む家庭というものの構成を「異性愛の理想」にしたがって組織化してきた。

マット・クック（Matt Cook）は、「家庭性」という概念を、「家庭と家族を包含し、おそらくより限定していえば家庭や家族に奉仕し、それらを保護するためになされる諸々のことを意味している」と述べる。したがって、「家庭性」は個人の内面（内部にあるもの）と自己の感覚を

象徴し、表現するものである。［Cook, 2014: 9］

以上のような議論を踏まえて考えると、私的な領域あるいは親密な関係性を描き出す〈ホームドラマ〉の表象は、私的な領域に属するのではなく、私的な領域に生起するものを公的領域に適する表象として描き出し、変換していく装置でもあるといえるのではないか。

3　ロウ・ランド・ホーガンによる『ゲイ・クックブック（The Gay Cook Book）』

これから取り上げるロウ・ランド・ホーガン（Lou Rand Hogan）による『ゲイ・クックブック（The Gay Cook Book）』は、一九六〇年代にゲイのシェフが書いた料理本である。古い本ではあるが、この内容は、現在の時点において読んでも、興味深く示唆に富んでいる。したがって、このセクションの記述については、スティーヴン・ヴァイダー（Steven Vider）による研究論文に依拠して構成したものであることをお断りしておく［Vider, 2013］。

「ストーンウォール・インの暴動」の三年前、一九六五年一二月一日に、この『ゲイ・クックブック』の宣伝広告が『ニューヨークタイムズ』紙に掲載された。また、一九六六年一月に

『タイム』誌は二五〇〇語の「アメリカの同性愛者」という記事を掲載した。これは、当時のレズビアンやゲイの生活に関するものであり、その時代には同性愛を取り上げたものとしては最長のエッセイであった。このように当時は、同性愛に関する情報が主流のメディアでも徐々に取り上げられつつある時代状況であった。

カタリナ・ヴェスター（Katharina Vester）によれば、この料理本は、明らかに同性愛者を読者層としてねらったものであるという。この本は、同性愛者と異性愛者を区別するものと考えられるものについて読者に考えさせる機会を与えている。それも当時のゲイの経験に根差した実態として描き出されているような記述を伴っている。「はじめに」の部分では、「一日の疲れた仕事から多くのかわいそうな魂を秘めた人が帰宅する〔中略〕そして薄暗い小さなキッチンに足を踏み入れ、安くて食べごたえのあるものをささっと作るはめになる。そこには、いつも玄関に迎えに出てくれるような半泣きの「かわいこちゃん」の姿もない。ましてやシチューの焦げる匂いなんでするはずもない」という一人暮らしの淋しげな光景のことが自虐をもって描きだされている。この料理本の著者のホーガンは、こんな光景にいつも取り巻かれているからこそ、本に収録されているレシピは、ゲイのスタイルで「オネエさんっぽく」調理することを薦めている。［Vester, 2020: 140］

ホーガンによる料理本は、スーザン・ソンタグ（Susan Sontag）によるエッセイ「「キャンプ」

に関するノート」（一九六四年）から始まったと言われるゲイ文化への関心の高まりのなかで出版されたものと考えられる。ホーガンが料理本のなかで展開した「キャンプ」の感覚は、ソンタグによる「キャンプ」感覚とは異なるものであったのだが、「キャンプ」のユーモア精神とジェンダーに関する戯れを、ゲイ文化の中心的なものとして受け入れていた。この料理本は、ゲイの家庭内空間を再想像するために「キャンプ」のユーモアを活用したことでは非常に革新的であったと言われている。それというのも、一九五〇年代から六〇年代にかけては、主流のジャーナリズム、映画、俗流社会学が同性愛者の生活を描きだす際には、「危険」で、「不道徳」で、「不幸」な「ゲイの世界」というイメージを伝えていたのだが、料理本はこうした表象に対して挑戦する／異議申し立てをするものでもあった。著者ホーガンは、冷戦期の家庭文化に浸透していたジェンダー規範に必ずしも従う必要のない形で、ゲイの「ホーム（家庭空間）」をユーモアと楽しさの場所として描き出していた。[Vider, 2013: 878-879]

（男性）同性愛者を家庭空間に位置づけることは、一九六五年時点においては、思った以上にラディカルなことであった。というのも、当時の同性愛者の表象としては、ゲイ男性を異性愛者の営む世帯に対して、ある種の「アウトサイダー」として描き出すことが一般的であったからだ。その描き方は、「反家庭的」とも言えるようなものでもあった。路上やトイレやバーでセックスの相手を求めてうろつき、ハッテンする人として描き出されたり、その反対に室内をきれいに片付け、装飾する才能をもつ「女々しい」インテリア装飾家のようなステレオタイプとして描かれることもあった。そうしたなかで、ホーガンによる料理本は、こうした当時のステレオタイプを書き換えようとするものであったのだ。［Vider, 2013: 879］

ホーガンは、コーヒーハウスやバーにおけるゲイの生活を、エキサイティングなものと考える一方で、逮捕されるという危険性を示唆してもいる。そして、公的な活動とは異なる「プライヴェートな空間」での活動について、次のように言及している。「思っている以上に、穏やかに「ちゃんとした」生活を送っている男性のカップルは多い。そして、これは各界に存在する。明らかに「芸術的な」人びとだけでなく、多くのプロフェッショナルにもいるのである」と。「尊敬されるべきこと」は、差別や警察のおとり捜査から個人を守るためのプラグマティックな方法でもあったのだ。ホーガン自身は、「穏やかで、ちゃんとした」私的生活を評価していたが、その料理本は、『ニューヨークタイムズ』紙や『タイム』誌の読者層、すなわち「主流の異性愛者たち」に対しては、同性愛者の権利を主張するものであったのだ。一九六〇年代のゲイの権利運動の文脈では、料理本それ自体が、私的な領域を公的な領域にするものとして機能しており、それはひとつのパラドックスでもあった。

ゲイの消費マーケット拡大は、公的なゲイの生活と私的なゲイの生活のあいだの境界線を曖昧にさせるように働いた。一九六五年のヴァガボンド（Vagabond）（ミネアポリスに拠点を置くゲイ向けの通販会社）のカタログでは、たとえば本や雑誌だけではなく、壁掛けカレンダー、グリーティングカード、エロティックな写真、レコード、セックスの補助器具、装飾のための像、「ゲイ好みのタオル」なども販売していた。そうしたサービスは、家庭それ自体をゲイの文化消費の場に変容させた。人はもはやゲイの世界にデビューするためにバーに行く必要もなくなった。家庭内消費はいまや性的欲望とアイデンティティの拡張されたものであり、その表現にもなったということである。［Vider, 2013: 893］

ホーガンの料理本は、「コスモポリタンな家庭性（cosmopolitan domesticity）」という考え方で理解できるとされた。この考え方は、消費により、男性も女性も海外のものやエキゾティックなものを家庭内に取り込むことを可能にすることを意味している。たとえば、一九六〇年代には、食べ物がこのコスモポリタンな家庭性という考え方における重要な要素として支配的になったようである。こうした過程においては、外国の物品は「獲得されるべきもの」となり、そののち「消費されるべき対象」としてフェティッシュ化される傾向にあった。つまり、このことは、アメリカ人が白人で中産階級であれば、他の文化やモノにアクセス可能で、既存の人種的、経済的、国家的なヒエラルキーを維持あるいは強化する役割を肯定することを意味していた。［Vider, 2013: 893］

アメリカ文学を研究する新田啓子は、かつて女性の領域であった「家庭空間（home）」あるいは「家（house）」は、一八四〇年代以降、女がその管理者となることで公的な承認を得ることのできるプロフェッショナルな領域として、一気に政治化されてい〔き〕〔中略〕家内領域（domestic sphere）と呼ばれる家の位相にほかならな」くなったと述べている〔新田、二〇一二、六―七頁〕。つまり、ここでは「ドメスティックな領域」あるいは「ドメスティシティ（domesticity）」という考え方が、「家庭」や「家」という日常生活の外延を越えて拡張されていき、最終的には「国家」という境界線に囲まれた領域までをも含むことができることを示しているのである。

このように、「家庭性」という考え方は、私的領域と関連しつつも、そうした領域内にとどまらず、つねに公的領域との接触面において、その境界線を流動的に引き直すような概念であり、イデオロギーでもあるといえる。

ロウ・ランド・ホーガンが『ゲイ・クックブック』を刊行した時代は、アメリカでもストーンウォール・インの暴動の少し前であり、「ホモファイル運動」という異性愛社会に対して同化主義的な路線を取っていた戦略が、「カミングアウト」を通じた性的マイノリティの可視化をめざす解放主義的な戦略へと変わるまさに転換点であった。そうした社会状況のなかで、ゲイ向けの料理本を書くことは、ゲイと異性愛者のあいだの差異を目に見える形で示しながらも、家庭内におけるきわめて個人的と思われる営みの料理というものを介する方法によって行っていることは注目に値する。ストーンウォール・インの暴動以後の社会では、アクティヴィスト的な戦闘性、すなわち「男性性」が必要とされるようになり、また自分のセクシュアリティを秘匿しているクローゼットから外に出ることがコミュニティにおいても要請され、他方で、ゲイの「家庭性」は、ゲイの「女性性」と同様に、抑圧されるステレオタイプとみなされる道をたどっていったのである。

二〇一〇年代の日本社会における性的マイノリティに目をやるとき、一九六〇年代のアメリカの社会状況のなかで性的マイノリティをめぐって生起した事象を参照することはあまりにも時間の経過や地域の違いを無視しているように思われるかもしれないが、それでも「家庭性」というひとつの枠組みで眺めてみると、共通点のようなものが見えてくる可能性がある。そこで、次節では、二〇一八年から二〇一九年にテレビで放送された、ゲイカップルが登場する〈ホームドラマ〉を見ていく中で、「家庭性」がいかなる意味をもち、またどのように機能しているかを考えてみたい。

4　『きのう何食べた？』

近年、私自身が「ＬＧＢＴ」に関する啓発を目的とした研修講座などに行き、レクチャーをすることも多くなったのだが、そこで性的マイノリティが置かれている状況を理解するために実際の生活に即した事例をもとにしたグループワークなどを行うことがある。その際、受講者によるコメントのなかで、よく聞かれるのが、ドラマ『きのう何食べた?』を見たときに登場人物が「こう言っていた」とか、そこで描かれていた内容への言及である。その状況を目にすると、このドラマの人びとへの影響力や浸透力が一定程度存在すると考えられる。

『きのう何食べた?』は、よしながふみの手によるコミックであり、二〇〇七年から『モーニング』に連載中の「料理漫画」である（二〇二四年一二月時点では、二三巻まで刊行されている）。テレビドラマとしても制作され、テレビ東京系のドラマ24で二〇一九年四月から六月にかけて全一二話が放映された（平均視聴率は三・一%）。さらに、二〇二〇年一月一日には「正月スペシャル二〇二〇　きのう何食べた?」として、特別番組が放送された。正月スペシャルのストーリーは、三月、四月、五月における三つのエピソードによる三章仕立ての構成になっている。この三章に一貫したテーマは、「誰のためにお金を使うか」である。

これは四〇代ゲイカップルの同居生活のなかで、とくに料理を中心としながら、周囲との人間関係をめぐる日常生活を描いたホームドラマである。主人公のひとりである筧史朗（西島秀俊）は四五歳で、上町弁護士事務所に勤務する弁護士である。仕事にやりがいなどは求めておらず、仕事帰りに家の近所のスーパーで買い物をし、料理を作ることを楽しみとしている。ゲイの恋人がいることは両親にはカミングアウトしているが、かといって職場などではゲイであることをオープンにはしていない。したがって、振る舞いも「ゲイっぽくはない」。もうひとりの主人公である矢吹賢二（内野聖陽）は、「フォーム」という美容室に勤務する美容師で、四三歳。職場では、ゲイであることも、史朗と付き合っていることもオープンにしている。したがって、話し方や立ち居振る舞いにおいても「ゲイらしさ」を醸し出している。感情をあまり表に出さない史朗と比べると感情表現が豊かで、パートナーの史朗に癒しを与える存在でもある。

史朗と賢二の主人公カップル以外にこのドラマに出てくるゲイの登場人物はすべてカップルである。しかし、カップルによる性的な場面は一切描かれることはなく、またキスシーンなども表現されることはない。料理を中心としたドラマということもあり、主人公のカップルが交流したり生活したりする場所としてキッチンとダイニングが映し出される一方で、セックスを想起させるような寝室の描写もまったくない（一度だけ、ベッドが映されはするものの、それは史朗が風邪を引いて寝込んでいるときに、賢二が枕元で看病をするシーンである）。むしろ画面から秘匿されているという印象も受ける。一方で、料理を趣味とする史朗の調理シーンでは、材料やレシピが丁寧に説明され、まるで劇中で料理番組を演じているかのようだ。劇的なストーリー展開がほとんどない筋書きは、物語性というよりも日常性を表現しているようでもある。ドラマで描き出されるのは、一年が過ぎ去っても、また別の一年が同じように巡ってくるような循環的な時間の流れ。そこで見いだされるのは大きく移り変わっていく時間ではなく、同じことが繰り返されるルーティンの時間である。それは、もしかすると結婚して、子どもが生まれ、成長し、子どもが家族から離れ、夫婦は老いに向かっていくというような、成長や発達の物語とは異なる時間の流れといえるかもしれない。そうした「何も起こりえない」日常性が、ここではゲイカップルの生活を規定しているものとして表現される。

さて、日本のドラマなどで、ゲイが描かれた歴史をさかのぼってみると、それぞれの時代ごとに特徴的な描かれ方がされてきたともいえる。一九九三年一〇月から一二月にかけて放映された『同窓会』は、男性同性愛を取り上げたごく初期のテレビドラマであった。『同窓会』では、男性同性愛者の裸のシーンやセックスシーンなどもかなり表現されており、さらに「新宿二丁目」や「屋外ハッテンバ」の公園なども、ゲイ男性が集まる性的な場所として表象されていた。つまり、このドラマは性的な雰囲気や描写に満ちていたのだ。嵐という名のゲイ／バイセクシュアル男性（山口達也）は、「ホモ狩り」の放ったボウガンの矢によって殺害されてしまう。これは、性的マイノリティは生きることができないことを示す表象である。このドラマには、「新宿二丁目」にいるあいだは、ゲイやバイセクシュアル男性であることを隠すことなく自由奔放に遊ぶことはできるが、そこから一歩出ると自分のセクシュアリティを受け入れることができず、自己否定するゲイの姿が描き出されていた。

『きのう何食べた?』に登場するゲイたちは、一九九〇年代に『同窓会』で描き出されたゲイのキャラクターとは明らかに異なっている。賢二は、自身が勤める美容室の店長である祐が既婚の女性客と不倫関係になっていることを知ると、そのことを軽蔑し、許さない。また、パートナーの史朗に対しても浮気は許さないという態度を示す。まさに性における節度を守る存在だ。そして、史朗のほうはといえば、定時で仕事を切り上げることを旨として、帰宅途中には買い出しをし、夕飯作りを楽しんでいる。料理が趣味と言ってもよいが、高価な材料を使うのではなく、つねに冷蔵庫に残っているものを覚えていて、そうしたものと組み合わせて使うことができる材料を、できるだけ安く購入することに熱意をもっている。それは、家計を切り詰めながら家庭を守る「主婦」のようでもある。こうなってくると、史朗の苗字の「筧」は、「家計」とかけているのではないかとすら思えてくる。

パートナーへの貞節を大切にする賢二の態度や意識、そして贅沢を慎み、節約して家庭を守り築いていく史朗の姿は、まさに「尊敬されるべき市民の理想像」でもあるのだ。つまり、彼らのように家庭に責任を持ち適切な消費をする主体、そのような個人は「尊敬されるべき(respectable)」市民とみなされるのである。尊敬される市民に要請されているのは、自分で自分を見張ること、すなわち「自己管理・自己監視」であり、それを行うのは自分の行動に責任をもつ主体である。

そして、市民社会でリスペクタビリティを獲得するためには、その社会における性規範を遵守しなければならない。それができる人たちは「良い市民」、逆に性規範から逸脱していく人たちは「悪い市民」とみなされてしまう。『きのう何食べた？』のゲイたちは、「よい市民」として自分たちにふさわしい居場所を家庭に求めていた。近代社会における公的領域／私的領域が分離されていくなかで、性が生起する空間は私的領域となった。「良い市民」のセクシュアリティは私的領域でのみ実践されることになるのだ。『きのう何食べた？』においては、「家庭」という私的領域がメインのステージではあるのだが、そのなかでも、たくみに彼らのセクシュアリティは消去され、その空間は脱性化されたのである。このように脱性化されたゲイ（カップル）の表象は、おそらくＬＧＢＴ研修会に来ていた受講生にとって、「脅威」ではなく、「口あたりよい」受容可能な表象になる。こうしたことが、このドラマが多くの視聴者層を得た要因となり、近年において、ゲイの表象の可視化とその受容に貢献したといってもよいだろう。

しかし、あるものを可視化するということは、それは同時に不可視な部分をも作り出すということである。ゲイの家庭におけるキッチンやダイニングは目に見える存在になったわけであるが、その裏でベッドルームは不可視化されていた。ネオリベラリズム体制のなかでセクシュアリティが「自由化」されていくとき、カミングアウトをとおして社会が目にするセクシュアリティ自体は「多様化」していくものの、それは社会が「欲望可能な（desirable）＝望ましい」ものと認めるもののみの包摂であり、そうではないセクシュアリティは、ヘテロノーマティヴィティの枠内で序列化され劣位に置かれるか、あるいはそこから排除されることにもなる。そのとき、可視化／不可視化のポリティクスのなかで、性の多様性はいかに確保されていくことになるのだろうか。性の多様性について語る（表象する）とき、一人一人の性のあり方における差異が不可視化されてしまうパラドックスが生じる可能性を、私たちは、いかにとらえていけばよいのだろうか。

さて、これからこのドラマの主人公のひとりである史朗のセクシュアリティの不可視性について考えてみたい。史朗は先にも述べたように、家族にはゲイであることをカミングアウトしているが、職場ではそのことを表明してはいない。中村屋というスーパーで知り合い、買い物の品を分け合うことになった近所の主婦の佳代子には、当初自分がゲイであることを史朗は知らせていなかった。ひとつの大きなスイカを分けあうことになったため、佳代子の家までスイカを運んだ史朗は、もてなしとして切ったスイカをふるまわれた。そのスイカの食べ方について、史朗はちまちま食べるとゲイだとばれるかもしれないと思い、それを「男らしく」食べてみせる。その食べ方を見た佳代子は、異様な「男らしさ」のしぐさと表情からかれが何か悪だくみするために家に上がり込んできたのではないかと疑うことになってしまう。そして、彼女は自分が襲われるのではないかと悲鳴まで上げる始末。ひとりの男とひとりの女により、佳代子の家は異性愛の空間になってしまったのだった。警察にでも通報されてはまずいことになると考えた史朗は、佳代子に対して「私はゲイです」と告白する。さらに、弁護士の名刺を見せて自己紹介する。とっさの状態では、「ゲイであること」は信じられず、「弁護士であること」とのほうが信用されたのだった。そして、佳代子は平静を取り戻した。このように、ゲイであるというセクシュアリティは不可視であり、またそれを証明することは非常に困難である。であるからこそ、他方では、見えないものを見ようとする、すなわち「詮索」も行われるのである。

史朗が「一般的なゲイ」の特徴を備えていないことから、そのセクシュアリティはパートナーの賢二からさえも「詮索」される。史朗は食パンに対するこだわりをもつ。そのために、食パンを買う店はいつも同じで変えようとしない。その食パンを売る店は、かつて学生時代に史朗が一度だけ交際したことがある女性が働いている店だった。賢二はそのパン屋を突き止めて、彼女を偵察に行く。というのも、賢二は、史朗がいまだにその女性に好意を抱いているから、そのパン屋に通っているというふうに思いこみ、その女性を確認しに行ったときに素敵な人であったので、余計に嫉妬したからだ。史朗は、「大柄で女っけが少なかったから、付き合えるかなと思ったけど、ノンケの仮面をこのままかぶっていくのはきついなと思って」と話す。

「彼女のほうから別れてくれと言われたときには、正直ほっとした」という史朗の言葉は賢二を納得させた。

このような「詮索」は、史朗の定位家族によってもなされる。史朗の母は、息子がゲイであることも知っているし、同性愛者のオフ会に参加して同性愛に関する知識を得たいと思っているほど、「理解」がある。家族にカミングアウトしているのに、職場ではカミングアウトしていないことに対して不満を漏らすほどでもある。しかし、史朗がパートナーとの生活で、どのような相手と交際し、どのような暮らしをしているかについてはほとんど知らない。こうして理解しようとしている反面、母親はときに史朗が「ゲイでも犯罪者でも受け入れる覚悟はある」と言って、ゲイと犯罪者を同一視したり、父親は、ゲイであることを受け入れていても、結婚のことを心配して「どんな女だったら大丈夫なんだ?」と訊いてくる。史朗にとって、このような家族の一面は受け入れがたいものであるのだ。そのような家族も自分の息子のパートナーがどのような人物か、どのような関係性を築いているのか、ずっと気にはなっていたが、なかなか聞き出せないでいた。暮れも押し迫ったある日、史朗が実家に戻ったときに、両親は、正月にパートナーの賢二を家に連れてくるように言う。

そして、正月に史朗と賢二が、史朗の実家を訪問する。そのとき、もちろん初対面であるので、両親と賢二のあいだにはぎこちない空気が流れる。しかし、このぎこちなさの原因は、ただ初対面であるからという理由だけではなかった。両親は、ゲイのカップルとは、「男役」と「女役」によって成り立っているものと思っていたようなのだが、賢二はこのときスーツを着ていたのだった。そのことで、当然史朗のパートナーは「女装」をしてくるものと思い込んでいた両親の意識は、攪乱されてしまったのだ。実家に戻るたびに、しゃれた洋菓子などの手土産を買ってくる自分の息子のことを「女の子っぽい」と感じていた母親は、恋人と同居している家ではもしかして自分の息子は「女役」を務め、「女装」して生活しているのではないかとも思っていたのかもしれない。パートナーを家に迎えた理由の半分がそこにあるのではないかとも考えられる。つまり、自分の息子のジェンダーをはっきりさせるためである。ここでの両親の勘違いは、まさに異性愛主義やヘテロノーマティヴィティによる。同性同士のカップルであっても、異性愛同士の枠組みで想定してしまうイデオロギーの作用だ。そして、このイデオロギーは、ゲイである息子とそのパートナーのジェンダーを「詮索」させることになる。

オーストラリアにおけるクィアの家庭を研究するスー・ケントリン（Sue Kentlyn）は、クィアの家庭が「詮索」の対象となることについて次のように述べている。「クィアの家庭の詮索は、数多くの場所から行われる。そのなかには異性愛者の親族や友人、近所の人たちも含まれるのである。そのような「詮索」は好意的な支援、単なる好奇心、アイデンティティに対する監視、軽蔑的な言葉がけから始まり、身体的暴力や敷地に対する毀損を含む犠牲に至るまでの敵対行為などとして表現されるものなのだ」〔Kentlyn, 2008: 334〕。ケントリンの研究で事例とされているプライヴァシーの「詮索」は、監視や暴力につながるネガティヴなものもあるが、調査対象者の多くは、ポジティヴな経験であったとも語っている。史朗と賢二のカップルに対する「詮索」も、両親による「思い込み」からの偏見は存在していたものの、意識の攪乱を通して、その偏見が実体験として解消されたといえる。

5 『隣の家族は青く見える』

『隣の家族は青く見える』は、二〇一八年一月一八日から同年三月二二日まで、フジテレビ系列「木曜劇場」（木曜夜一〇時から一〇時五四分まで）の枠で放送された全一〇話のドラマである（平均視聴率は四・六％）。このドラマの中心的なストーリーは、子どもをもつことを望んで妊活をする夫婦（五十嵐奈々役：深田恭子、五十嵐大器役：松山ケンイチ）である。このカップルは、他の三家族と同じコーポラティヴハウスに住んでいるという設定になっている。他の三家族は、子どもを作らないと決めている事実婚カップル（川村亮司役：平山浩行、杉崎ちひろ役：高橋メアリージュン）、幸福を装っている夫婦（小宮山真一郎役：野間口徹、小宮山深雪役：真飛聖、娘の優香役：安藤美優、萌香役：古川凛）、ゲイのカップル（廣瀬渉役：眞島秀和、青木朔役：北村匠海）である。基本的には、これら四家族が様々な（家族）問題に直面し、それを乗り越えていくことが中心的なストーリーとして展開される。このドラマは厚生労働省とタイアップもしていた（厚生労働省による「ポジティヴ・シェアリング」キャンペーンとは、厚生労働省が運営する働く人のメンタルヘルス・ポータルサイトである「こころの耳」「こころの耳」に掲載されるもので、予防的な観点から、身体の疲れやストレスを溜めすぎることなく、上手に付き合っていくコツやアイデアを広めることを目的としている）。

このなかに登場するゲイのカップルは、廣瀬渉（眞島秀和）と青木朔（北村匠海）である。廣瀬渉は、コーポラティヴハウスを設計した一級建築士であり、そのコーポラティヴハウスに自分でも部屋を購入して居住している。一人っ子であり、恋人の朔からは「わたるん」と呼ばれている。第五話では、勤めていた三沢建築事務所を出て独立する。第七話で母親には同性愛者であることをカミングアウトする。青木朔は、渉の恋人であるが、付き合い始めて一年後に、かれの部屋に転がり込んだゲイである。仕事はバイトでバーテンダーをしている。学歴は中卒。カミングアウトしていなかった渉は、コーポラティヴハウスの住人たちと職場の同僚女性の留美には自分の甥であると偽っていたが、コーポラティヴハウスの玄関に貼られた中傷ビラにより、渉との本当の関係がばれてしまう。

『隣の家族は青く見える』のなかで、同居するゲイカップルを表象するプロットは、『きのう何食べた？』のそれと多くの類似点を有している。カップルのそれぞれの年齢層は異なるものの、カップルの職業的な社会的地位としては、弁護士と美容師、一級建築士とバイトというように、一方が会社に所属する専門的職業であり、他方が比較的自由な仕事あるいは非正規のバイトというような組み合わせになっている。同居する原因も、事情は異なるものの、突発的なことが起きて、一方が他方の住まいに転がり込むということから始まる（賢二の場合には、住んでいたアパートの部屋が上の階の水漏れにより水浸しになり住めなくなり、貯金もないので引っ越すこともできなかった。朔の場合には、友人の家を転々としていたが、バイトもクビになり住むところもなくなった）。転がり込んだほうのふたりは、どちらかというと「女性っぽい」ジェンダー表現をしており、経済的な観念をそれほど備えているわけではなく、家事が苦手である。家事が苦手なことは、いずれのドラマでも、アイロンがけをしている最中に、洗濯ものを焦がしてしまうことで表現されている。このふたりは家庭環境に恵まれていないという設定も共通している。賢二の場合には、父親が亡くなるまで家族との仲が悪く、葬儀や遺骨引き取りのときまで実家には帰っていなかった。今では家族仲は改善されている。朔の場合には、理由はわからないが、最初から両親がいない設定となっている。それに対して、弁護士の史朗は親にはカミングアウトしているが、弁護士事務所である職場では自分のセクシュアリティを隠して仕事をしている。一級建築士の渉は、当初建築事務所に勤務しており、そのときには家族にも職場でもカミングアウトをしていなかった。職場で同性愛者であることが知れ渡ってしまった事件を機に、建築士として独立して自営を開始することになる。このふたりは、家事、とくに料理がうまいという設定である。ふたつのドラマに登場する母親は、いずれもステータスのある専門的職業に従事している「息子」の親であり、子どもからゲイであることをカミングアウトされたときには、自分の育て方が悪かったのではないかと自責する。史朗の母は、息子のセクシュアリティを治そうと新興宗教にすがるようになり、そのときに壺などを購入したことが、あとあと自分たち夫婦の老後の蓄えが少なくなってしまった原因となったように描かれている。渉の母親は、定年前には学校の教師をしていた経験をもつ、ある種の厳格な母親であったが、息子のセクシュアリティを知ったときには、治らないものかと思案した。しかし、ドラマのなかでは、子どものセクシュアリティを受け入れ、結果的には息子カップルとの良い関係性を築くことになる。息子と母親の関係性は、カミングアウト以前からも良好なものであったことが暗示されており、渉については、当初は親が苦しむので、自分のセクシュアリティを言いたくないと語っている。社会において同性同士の婚姻制度がないなかで、ふたりの関係性の継続性については、渉と朔のカップルは、生活のなかでいくつかの約束事を「宣誓」として額のなかに入れて部屋の壁に掲げている。そして、最終回では、このふたりは、パートナーシップ宣誓制度を利用し宣誓を行うことになる。史朗と賢二のカップルの場合には、パートナーシップ宣誓制度を利用するというようなシーンは描かれていないが、史朗は賢二に「結婚指輪」を買おうと提案し、賢二は喜ぶ。とはいえ、その指輪は史朗が異性愛者の友人の結婚パーティに行くときに、「独身者」と見られないためのものであり、史朗の言葉を借りれば「結界」なのだ。ここでは、指輪は異性愛者からのアプローチに対する防護壁として機能するのだが、同時にふたりのあいだの継続的な関係性の象徴的な機能をはたしている。さらに、指輪以外にも、この指輪購入の折に、賢二は史朗に「〔指輪と同じように史朗のことも〕大事にするよ」という言葉で誓うのである。

このように、『きのう何食べた?』と『隣の家族は青く見える』は、プロットだけを見ても多くの共通点を有していると言えるだろう。テレビドラマではないが、三〇代ゲイのカップルを主人公とした映画『ハッシュ』（橋口亮輔監督、二〇〇一年）もまた家族をテーマのひとつとしている。そこに登場する直也と勝裕のゲイカップル。直也はペットショップ店員でオープンなゲイであり、勝裕のほうは会社員で自分のセクシュアリティはカミングアウトしていない。カミングアウトしていないゲイとオープンなゲイ、なかなか自分を肯定できないゲイと自分のセクシュアリティを自己受容しているゲイ、ゲイであることがばれてしまったときの家族の態度、子どものセクシュアリティは自分の育て方のせいではないかと思案する母親、そしてなんとかそれを治せないものかと考えるようなことなど、それは映画『ハッシュ』のころから、継続したひとつのパターン、あるいは範型になっているとも考えられるのである。

6　オーディエンスからの反応——『きのう何食べた？』を中心として

『きのう何食べた？』をめぐる、特徴的な反応のひとつは、このドラマを「ＬＧＢＴ」というテーマを超越した「普遍的」なテーマとしてみるようなものである。ドラマ解説者の木村隆志は「このドラマはＬＧＢＴにフォーカスしすぎず、あくまでも多様性の一つとして二人の関係性を描いたことが、視聴者の共感を呼んだのでしょう。異性愛でも同性愛でも人が人を愛することに変わりはない。ＬＧＢＴというと肩に力を入れ、眉間《みけん》にしわを寄せて論じがちですが、食卓を中心にした日常生活を舞台に「こんな軽やかな愛の描き方もあるんだ」と思わせてくれました」と『毎日新聞』の記事のなかで述べている。〔『毎日新聞』二〇一九年七月二三日付夕刊〕また、『きのう何食べた？』の正月スペシャル二〇二〇の、史朗がファンである女優・三谷まみに熱を上げているのを見てパートナーの賢二が嫉妬するシーンに関して、「その人間味あふれた愛《いと》おしい姿は性差を超えていた。「性的少数者」という呼称は、時代にそぐわない気さえする」という感想をメディア研究者の影山貴彦は書いている〔影山、二〇一九〕。このドラマのプロデューサーである松本拓が「同性愛ものという話題づくりは狙ってはいない。あくまでも飯もの」と話しているように、制作側の意図も、とりわけ同性愛の個別性や特殊性を押し出すものではなく、むしろ「愛」や「料理」の普遍性を表現することに重点を置いているようである。こうした視聴における「普遍性」（という枠組みでの理解）の回路としては、だれでもが行う「食」が一役買っている。このドラマのなかで取り上げられた「料理」を自分で再現し、ネットにその写真を挙げる人も多くいたという。「東京都清瀬市に住む吉村麻衣さん（三五）は一〇連休中に第一話のレシピを再現した。三歳と一歳の子供がテレビを見ている間に、「サケの炊き込みご飯」や「たけのことザーサイの中華風いため」など五品を作り上げた。「実際にやってみたら本当に簡単で驚いた。使っている食材がお安いのもうれしい」」と記事にはある。〔『日経ＭＪ』二〇一九年五月二四日付〕「料理」ではなく、自分自身の「生き方（あるいは生きづらさ）」を主人公の直面する問題と重ね合わせて、自分の問題としてとらえる見方もあった。「理解が足りない両親との関係に苦慮する史朗に自らを重ね合わせる人もいるという。都内在住の四〇代女性はドラマを見て、実家に電話を入れた。自身の体力の衰えや病気がちな親の老いにどう向き合うか「シロさんの悩みはひとごとじゃない」という反応が見られた」。〔『日経ＭＪ』二〇一九年五月二四日付〕

もうひとつの反応の特徴は、「優しさ」である。事業構想大学院大学長の田中里沙はテレビ評を締めくくるにあたり、次のように語る。「料理をして食べることは、毎日を生きることである。「きょう何食べる？」ではなく「きのう何食べた？」というタイトルについて考えてみると、日常を消費するのではなく、丁寧に生きることの大切さが沸き上がってきて、優しい気持ちになれる」〔田中、二〇一九〕。影山は、「〔正月スペシャル二〇二〇の〕三章からなるエピソードは、全て見る者を優しく包んだ」と評している〔影山、二〇二〇〕。このような反応は、一般視聴者の「ラブシーンがないのが逆に良いかも。見た後にほっこり和む」という感想とも響きあっている〔『日経ＭＪ』二〇一九年五月二四日付〕。このように、視聴者が「優しい」気持ちになったり、「優しさ」に包まれる感覚を得られるということが、「安心感」を与えることであるとすれば、それはどのような要因によるものなのか。もちろん主人公が演じている役柄が「かわいい」とか、「不気味な笑顔がステキ」という感想があるように、キャラクターのもつ文字通り「性格」によることもあるだろうが、すでにカップルであるということが前提になっていることで、ラブストーリーの展開がない、さらに言えば、前述の一般視聴者の感想にもあるように「ラブシーンがない」ということが、とりわけ異性愛女性の受容／需要を高めているのかもしれない。

7　消去されるセクシュアリティと表象の受容

「性の多様性」がひとつの社会的価値観として喧伝され、徐々に広められつつある現在、人びとはどのように「性」を認識し、またその「多様性」をどのように受容しつつあるのだろうか。もちろん、本章も、ゲイのセクシュアリティしか対象としていない点においては批判される可能性は十分にあるだろう。しかし、その「ひとつの」セクシュアリティのとらえ方や認識のされ方、そして表象の方法においてさえ、「多様性」は限定的なものになっているのではないだろうか。

この章のなかで見てきた『きのう何食べた?』と『隣の家族は青く見える』の主人公の特徴を取ってみても、共通性や類似性が散見され、ひとつの範型がつくられているかのようである。こうした範型のなかでは、ジェンダー化された規範的関係性が演じられてもいる。たとえばカップルのなかで専門的職業に就くものは、男性ジェンダーを演じており、サービス業や非正規の仕事に従事しているものは、女性ジェンダーを演じている。また、定位家族との関係性については、母親の子育てに対する関与に重きが置かれ、カミングアウトされたときには苦悩し、自責の念にとらわれてしまうのは、古くから変化していない筋書きである。このような表象の方法は、ヘテロノーマティヴな傾向をもっているのではないかと考えられる。

しかしながら、ゲイカップルのなかで、いわゆるヘゲモニックな男性性を担っているほうの役柄が、料理や家事を担当して、さらにより多くの家事スキルを有している点においては、従来の固定的なジェンダー役割を攪乱してもいる。会社や職場でバリバリ働いているゲイは、家庭に帰ると、むしろ家事に興味があり、さらにそうしたスキルを活かしてプライヴェートな生活を維持することになる。家庭というプライヴェート空間では、ジェンダー規範による境界線が揺らいでいるといえるのではないか。とはいえ、この揺らぎは私的空間という、ある種閉ざされた空間で行われていることであり、外部からは見ることができない。そうした不可視性は、外部からの「詮索」を呼び込むことにもなるのである。隣に住むゲイカップルは、どんな生活をしているのかと。そして、そこでは、ジェンダー役割に対する監視が行われることもあるのだ。見えないものを見ようとすると力がそこで作動することになる。

『きのう何食べた？』に登場する史朗は、料理に対するこだわりとスキル、そして消費における倹約性という家庭的な価値によって、また賢二は不倫や浮気に対する厳格な倫理観の保持や提示といった形で、マット・クックが提唱している「家庭性」という概念を体現していると言える。そうした「家庭性」は、バーラントとワーナーやデュガンのようなクィア理論家が述べているように、主流社会や市民社会への「同化」という意味合いを有している。一見するとゲイ・カップルの家庭という新たな表象は、これまで可視化されてこなかったものを可視化するという機能を果たしているように思われるのだが、他方で、その家庭性は市民的価値観を体現したり、確認するような役割を果たしてもいるのである。こうした「家庭性」が、「家庭」や「家」という日常生活の外延を越えて拡張されていき、最終的には「国家」という境界線に囲まれた領域までをも含むことができるというように、ゆくゆくは「ホモナショナリズム」という形態をとって現れる可能性をもはらんでいるのである。

これらのドラマでは、性描写はまったく描かれないという、ある種のセクシュアリティの「消去」が特徴的である。しかし、セクシュアリティが消去されてしまえば、ゲイカップルのドラマとしての「売り」は半減する。けっして映し出されることのない寝室の代わりとなるアイテムが準備される。それは、ふたりで使うおそろいのマグカップであり、いっしょに食べる「料理」そのものであり、いっしょにする「食事」なのではないだろうか。「ゲイのマーケットを識別できるものにするようなもの——つまりゲイのセクシュアリティ——は取り除かれ、〔中略〕理想的なゲイの消費者の性的な特異性を置き換えるものは、階級に特化した、ゲイのサブカルチャー的な資本なのであり、それは趣味のよさや性的な思慮深さによって特徴づけられるのである」とキャサリン・センダー（Katherine Sender）が述べているように〔Sender, 2004: 226〕、セクシュアリティの消去はマーケット（市場）からの要請でもあるのだ。テレビ東京の松本拓プロデューサーが「女性は口コミで広めてくれる傾向があり、男性向けのドラマとは放送後の広がり方が違う」というように、このドラマが女性をターゲットにしていることを明かしているが、そうした女性ターゲット層のマーケットにおける獲得という意味においても、セクシュアリティの消去は必要な手段であったのではないか。このような市場化は、ドラマのなかで史朗と賢二が使うマグカップが、テレビ東京のウェブサイトで即日完売し、また、ドラマ化に合わせて出版されたレシピ本の売れ行きが一〇万部を突破したことにおいても効果を上げている。

参考文献

Andrucki, Max J. & Kaplan, Dana J. 2018 “Trans objects: materializing queer time in US transmasculine homes.” *Gender, Place & Culture,* 25:6, pp.781-798.

Avila-Saavedra, Guillermo 2009 “Nothing queer about queer television: televised construction of gay masculinities.” *Media, Culture & Society*. 31:1, pp.5-21.

Berlant, Lauren and Warner, Michael, 1998 “Sex in Public”. *Critical Inquiry*. Vol.24 (Winter), pp.547-566.

Chauncey, George 1994 *Gay New York: Gender, Urban Culture, and the Making of the Gay Male World, 1890-1940.* Basic Books.

Cook, Matt 2014 *Queer Domesticities: Homosexuality and Home Life in Twentieth-Century London.* Palgrave Macmillan.

Duggan, Lisa 2003 *The Twilight of Equality? Neoliberalism, Cultural Politics, and the Attack on Democracy*. Beacon Press.

Hall, Jonathan M. 2000 “Japan’s Progressive Sex: Male Homosexuality, National Competition, and the Cinema.” *Journal of Homosexuality*. 39:3-4, pp.31-82.

張瑋容、二〇一九「〈日本〉をめぐるファンタジー――ドラマ「おっさんずラブ」の台湾人ファンの言説分析から」『年報カルチュラル・スタディーズ』第七号、七三―九四頁

岩本憲児編、二〇〇七『家族の肖像――ホームドラマとメロドラマ』森話社

影山貴彦、二〇一九「影山貴彦のテレビ燦々：ＬＧＢＴドラマをブームにとどめるな　視聴者に響く、フラットな作品を」『毎日新聞』五月二〇日付朝刊

――、二〇二〇「影山貴彦のテレビ燦々：正月に大収穫「きのう何食べた？」ＳＰ　性差を超えた愛おしい姿」『毎日新聞』一月六日付朝刊

神谷悠介、二〇一五「ゲイカップルの生活領域における意思決定プロセス――民主主義の視点からの考察」『家族研究年報』第四〇号、七七―九一頁

河口和也、二〇二一「セクシュアル・マイノリティをめぐる意識の変容」『ＪＡＳＥ現代性教育研究ジャーナル』第一二八号、日本性教育協会、一―一〇頁

Kentlyn, Sue 2008 "The Radically Subversive Space of the Queer Home: 'Safety House' and 'Neighbourhood Watch.'" *Australian Geographer*, Vol.39, No.3, pp.327-337.

講談社編、二〇一九『きのう何食べた？――シロさんの簡単レシピ』講談社

Miller, Quinlan. 2019 *Camp TV: Trans Gender Queer Sitcom History*. Duke University Press.

Miller, Stephen D. 2000 "The (Temporary?): Queering of Japanese TV." *Journal of Homosexuality*. 39:3-4, pp.83-109.

森本智子、二〇一九「『おっさんずラブ』にみるテレビドラマの現在形」『女子学研究』第九号、甲南女子

大学女子学研究会、三三一―四三頁
日本記号学会編、二〇二〇『食の記号論――食は幻想か?』新曜社
新田啓子、二〇一二『アメリカ文学のカルトグラフィ――批評による認知地図の試み』研究社
Probyn, Elspeth. 2000 *Carnal Appetites: Food Sex Identities*. Routledge.
Pugh, Tison. 2018 *The Queer Fantasies of the American Family Sitcom*. Rutgers University Press.
坂本佳鶴恵、一九九七『〈家族〉イメージの誕生――日本映画にみる〈ホームドラマ〉の形成』新曜社
三部倫子、二〇一六「日本におけるセクシュアル・マイノリティの「家族」研究の動向――二〇〇九年以降の文献と実践家向けの資料を中心に」『家族研究年報』第四一号、七七―九三頁
佐藤忠男、一九七八『家庭の甦りのために――ホームドラマ論』筑摩書房
田中理沙、二〇一九「週刊テレビ評:「きのう何食べた?」丁寧に生きる大切さ」『毎日新聞』六月一日付夕刊
Sender, Katherine, 2004 *Business, Not Politics: The Making of the Gay Market*. Columbia University Press.
Vester, Katharina. 2020 “Queering the Cookbook.” Coghlan, J. Michelle (ed.) *The Cambridge Companion to Literature and Food*. Cambridge University Press. pp.131-145.
Vider, Stephen. 2013 ““Oh Hell, May, Why Don’t You People Have a Cookbook?”: Camp Humor and Gay Domesticity.” *American Quarterly*, Vol.65, No.4, pp.877-904.

Warner, Michael, 1999 *The Trouble with Normal: Sex, Politics, and the Ethics of Queer Life.* The Free Press.

よしながふみ、二〇一九「『きのう何食べた？』は、料理とかゲイっていうより、「人間全部を描く」というバランスで描きたかった」『ＣＵＴ』六月号　一一―一七頁ロッキング・オン

「『きのう何食べた？』、四〇代男性カップル織りなすドラマ、食卓にほっこり、恋愛・家族、ささやかな幸せ描く。」『日経ＭＪ』二〇一九年五月二四日付

「男性カップルの日常　自然に」『読売新聞』二〇一九年五月二七日付夕刊

「特集ワイド：ＬＧＢＴドラマブームの裏に生きづらさ？　「普通」求めてもがく姿」『毎日新聞』二〇一九年七月二三日付夕刊

あとがき

中根光敏

何をするにしても向き不向きがあるように、社会学という学問をするにも向き不向きがある。

それでは、社会学に向いているのは、どのような人なのか。

①野次馬根性が旺盛でやたらと色々なことに興味や関心を持ってしまう人である。不可思議な出来事がやたら気になり、怖いものや悍《おぞ》ましい事件でも真相が知りたいと思う人である。逆に、好奇心が乏しく、これしかやりたくないという人は、社会学には向いていない。なぜならば、社会学が探求しようとする社会は、人々が些細なことだと考えていることや無関係であると思っていることが幾重にも重なり合って成り立っているからである。

②みんなで一緒に夢中になっている時、他の人たちとは違う見方で、その場面を見ている〝もう一人の自分〟がいることに気づく人である。社会学という学問に関して、しばしば「常識を疑うことからはじまる」などと言われるのは、多くの人たちが当たり前だと思って疑ってもみないことを「当たり前でない」「別の在り様もある」という見方を社会学が提供するからである。

③大都市の雑踏や人混みの「誰も知る人がいない／誰も自分を知らない」という状況で、不安感とともに妙な解放感を感じるような人は、社会学に向いている。ゲオルク・ジンメルが指摘しているように、大都市人の精神生活の「孤独と荒涼」は「自由」の裏面であり［Simmel, 1903=1994］、ロバート・E・パークが言ったように都市は社会生活を研究する「社会的実験室」なのである［Park, 1929=1986］。誰もが「もっと自由に生きたい」と思いながら、なかなか自由になれないのは、自分では思い通りにならない他者が存在し、他者の視線や体裁を気にする自己が存在しているからである。都市生活は、多様な人々によって成り立ち、ありとあらゆる新奇な職業が現われ、様々な人々が自分の居場所を見出していく。

④ファッションや流行など、社会で起こっている変化や出来事が何故か気になってしまう人である。変化や新しい出来事は、それまでの勝手な「思い込み」に疑問を感じ、問い直すための契機だからである。

⑤可能であれば、色んな場所へ出掛けていって、実際に何かを経験してみたいと思う人である。とりわけ洪水のように情報が溢れている現代社会において、自分自身で経験することは、社会を知るためにますます重要になっている。社会学は、現実を生きる人々の経験を手掛かりに研究をすすめていく学問である。

⑥世代や国を超えて、多くの人たちとコミュニケーションをしたいと思う人である。他人と話すのは苦手であっても、「多くの人たちが何を考えているのかを知りたい」「自分の考えを多くの人々に伝えて、沢山の人たちから意見を聞きたい」と思う人は、社会学に向いている。逆に他人と話すのは得意だけど、自分の考えと違う人たちには関心がないと思う人は、社会学に向いていない。社会学とは、他者の声——声にならないような声を含めて——に耳を傾けることによって、自分と異なる他者たちの視点から自分自身を問い直す学問だからである。

⑦最後に、自分自身とは違う、異質な他者に関心を抱く人は、社会学に向いている。一般に多くの人たちは、「皆が同じ社会に生きている」と勝手に思い込んでいる。けれども実際には、人それぞれが異なった価値観を持ち、「同じ社会」を個々別々に経験し意味づけているのである。異質な他者たちの視点から自分自身の経験を捉え直し、多角的な視角から社会を理解しようと試みるのが社会学という学問である。

本書『社会学で考える』の出版は、広島修道大学「教科書出版助成」（二〇二五年度）によるものである。

松籟社の編集者・夏目裕介さんには、限られた時間的制約の下で、本書のタイトル『社会学で考える』を捻り出して頂き、入稿が遅れに遅れた執筆者たちの草稿に対して丁寧なコメントを下さり、なんとか本書が公刊できましたことに心よりお礼申し上げたい。そして、『社会学する原動力』（二〇一九年刊）に引き続いて、本書の出版を引き受けて下さった松籟社・相坂一社長に感謝いたします。

二〇二四年一一月一一日　中根光敏

参考文献

Park, Robert E.. 1929, "*The City as Social Laboratory*", T.V.Smith & L.D.White Eds., Chicago: An Experiment in Social Science Research, University of Chicago Press.（＝一九八六、「社会的現実としての都市」町村敬志ほか編訳『実験室としての都市――パーク社会学論文選』御茶の水書房）

Simmel, Georg. 1903, "*Die Großstädte und das Geistesleben*", Jahrbuch der Gehestiftung IX.（＝一九九四、居安正訳「大都市と精神生活」『ジンメル著作集12（新装復刊）橋と扉』白水社）

著者一覧（執筆順）

中根光敏（なかね・みつとし）
広島修道大学人文学部教員
主な著書に『珈琲飲み――「コーヒー文化」私論』（洛北出版、2014年）、『浮気な心に終わらない旅を――社会学的思索への誘惑』（松籟社、2007年）。

仁井田典子（にいた・のりこ）
広島修道大学人文学部教員
主な著書・論文に「脆弱で、不安定で、曖昧な連帯の可能性：ある女性コミュニティ・ユニオンを事例として」（『解放社会学研究』28、日本解放社会学会、2014年）、「「女性と貧困ネットワーク」の30代の女性たちにみる「女性の貧困問題」」（北川由紀彦・山本薫子・山口恵子・玉野和志編『社会をひもとく――都市・地域にみる社会問題の問い方』（共著、有斐閣、2025年）。

伊藤泰郎（いとう・たいろう）
広島修道大学人文学部教員
主な著書に『新・地域の社会学』（共著、有斐閣、2025年）、『日本で働く――外国人労働者の視点から』（共著、松籟社、2021年）。

河口和也（かわぐち・かずや）
広島修道大学人文学部教員
主な著書に、『クィア・スタディーズ』（岩波書店、2003年）、『教養のためのセクシュアリティ・スタディーズ』（共著、法律文化社、2018年）。

社会学《しゃかいがく》で考《かんが》える

2025年5月1日初版発行

定価はカバーに
表示しています

著　者　中根　光敏
仁井田典子
伊藤　泰郎
河口　和也
発行者　相坂　一

〒612-0801　京都市伏見区深草正覚町1－34
発行所　㈱松籟社
SHORAISHA（しょうらいしゃ）

電話　075-531-2878
FAX　075-532-2309
振替　01040-3-13030
URL：http://shoraisha.com

装丁　安藤紫野（こゆるぎデザイン）
印刷・製本　亜細亜印刷株式会社

Printed in Japan

ISBN 978-4-87984-466-8 C0036

広島修道大学テキストシリーズ